博物馆里有条龙

文物里的汉字日历

国博衍艺 小象汉字 编

2024

人民东方出版传媒
People's Oriental Publishing & Media
東方出版社
The Oriental Press

龙九似

龙，

我国古代传说中的神异动物，象征祥瑞。

它能乘云而起，兴云降雨；也能消灾降福，带来安宁。

龙有九似，

古人集现实动物的特征，组合成了神秘威严的龙。

文物和汉字中，记载着人们对龙和动物们的崇拜和喜爱。

让我们去博物馆中，去汉字中，寻找龙和它的朋友们吧。

文物档案

文物名称和所属朝代一目了然。

馆藏文物

欣赏国家博物馆馆藏文物，感受古人智慧和匠心。

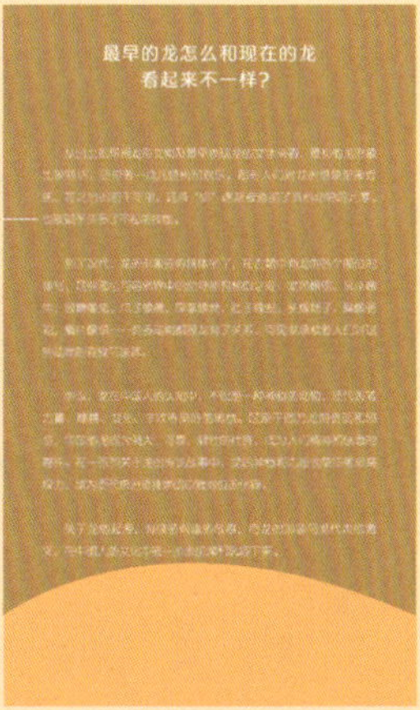

传统文化解读

探索更多文物和汉字背后的故事。

汉字字块

和文物有关的汉字，看它们“前世今生”的样子。

字形演变

了解汉字字形、字义及演化过程，认字更懂字。

日期节气

公历和农历，节日和节气，一寸光阴一寸金。

文物解说

了解文物造型、工艺、用途或历史背景。

心情留白

记录事情，记下心情，任你发挥。

节日小讲

传统节日节气介绍，知时令，识习俗。

甲骨文：中国最早的成熟文字，像画一样，蕴含着古人对万物的观察。

金文：商周时期，铸刻在青铜器上的文字。

籀文：春秋战国时期秦国使用的一种古文字。

战国文：春秋末年到秦统一之前，战国各国曾使用过的古文字。

简帛文：战国至秦汉时期书写在丝绢上的古文字。

简牍文：古代书写在竹简、木牍上的文字。

小篆：秦统一六国后的通用文字。

一月

2024

JANUARY

龙

红山玉龙·新石器时代·红山文化

星期一

MON

癸卯年·十一月二十·元旦

01 月

2024 · JANUARY

01

这枚墨绿色的玉龙是迄今为止发现的关于龙的最早形象之一，被誉为“中华第一龙”。它的嘴巴像猪，身体像蛇，颈后有像马一样，飘扬的鬃鬣（zōng liè）。玉龙的身体向内弯曲成钩状，中央有一个小孔，穿绳悬挂的话，龙的首尾正好在一个水平线上，完全保持住平衡。看得出这是经过了精密的计算。这枚玉龙重 1 千克，要是佩戴在身上的话，也太重了！据说这枚玉龙以前用于祭祀，但到底挂哪儿却是个谜。

龙

甲骨文的“龙”像一只张大嘴的动物，有长长的身子，弯曲的尾巴。后来，龙的形象被一再丰富，字也变得复杂起来。

星期二
TUES

癸卯年·十一月廿一

01 月

2024 · JANUARY

02

最早的龙怎么和现在的龙看起来不一样？

从出土的早期龙形文物及最早表现龙的文字来看，最初的龙形象比较简洁，还带着一点儿轻松和欢乐。那时人们对龙的想象更接近蛇，在之后的若干年里，这条“蛇”逐渐被添加了其他动物的元素，也被赋予许多了不起的技能。

到了汉代，龙的形象变得具体多了，在古籍中有龙的各个部位的描写，这些部位与自然界中的动物都有相似之处：龙角像鹿，耳朵像牛，眼睛像兔，爪子像鹰，厚掌像虎，肚子像蛇，头像狮子，嘴像骆驼，鳞片像鱼……许多动物都跟龙有了关系，可见龙承载着人们对这些动物的喜爱与崇拜。

所以，龙在中国人的认知中，不仅是一种神秘的动物，还代表着力量、慈善、变化、丰收等美好的寓意。区别于西方龙的怪诞和邪恶，中国的龙成为强大、可靠、健壮的代表，成为人们精神和信念的寄托。在一系列关于龙的传说故事中，龙的神秘和力量也象征着最高权力，成为历代统治者推崇的自我地位的化身。

关于龙的起源，有很多有趣的故事，而龙的形象与龙代表的意义，在中国人的文化中被一步步加深和巩固下来。

星期三
WED

癸卯年·十一月廿二

01 月

2024 · JANUARY

03

玉龙·商王武丁时期

星期四

THUR

癸卯年·十一月廿三

01 月

2024 · JANUARY

04

这枚卷曲着身子的玉龙，比“中华第一龙”的样子丰富了一些。它昂着头，凸着眼珠，双角伏在头顶，张开的嘴巴露出牙齿，身上有背鳍，还刻有菱形花纹。两只前足蜷曲在身前，各有四根脚趾。我国曾出土过多件商朝的龙形文物，说明龙文化已经成为商朝文化的一个重要组成部分。

金文的“卷”字，左上角表示一双手将棍子卷起来，右下角则表现一个人蜷曲着腿跪坐的样子。卷的本义是曲膝。

癸卯年·十一月廿四

星期五

FRI

01 月

2024 · JANUARY

05

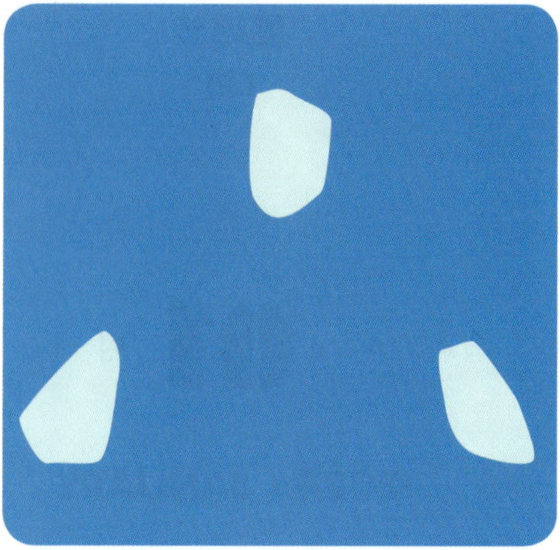

古人用三个点表示微小的沙粒，所以“小”字本来是指沙子。后来，小代表沙粒的一层含义消失了，变成了微小的意思。

星期六
SAT

癸卯年·十一月廿五·小寒

01 月

2024 · JANUARY

06

小寒是二十四节气中的第二十三个节气，从现在开始，一年中最冷的一段时间开始了。小寒就是天气开始寒冷但还没有到极致寒冷的时候。

安济桥石栏板·隋

星期日
SUN

癸卯年·十一月廿六

01 月

2024 · JANUARY

07

这是安济桥上的一块石栏板，两面雕刻着双龙图案。你看，正面的两条龙前爪互推，鳞甲清晰可见。背面的两条龙身体交缠，后肢稳稳地撑在地上，形态生动有力。安济桥就是有名的“赵州桥”，由隋朝的工匠李春设计建造。这座石拱桥跨度大、坡度小，车马行走方便。拱桥大拱两端的肩上各有两个小拱，叫“敞肩拱”，这不仅大大减轻了桥身重量，还能起到分洪的作用。赵州桥至今仍旧矗立在洨（xiáo）河上，是世界上现存最早的敞肩石拱桥。

橋

桥

繁体

橋

小篆

橋

简体

桥

篆文的“桥”字，左边代表木，右边表示高，本来的意思是用原木高架在沟壑或溪流上的通道。凌空跨沟的横木，就是桥。

星期一

MON

癸卯年·十一月廿七

01 月

2024 · JANUARY

08

盘龙铜镜·唐

星期二

TUES

癸卯年・十一月廿八

01 月

2024・JANUARY

09

龙纹在隋唐时期非常普遍，这个时期龙的形象日渐丰满，石刻、壁画、器皿上都会使用龙纹装饰。唐代的盘龙镜就是这一“时尚潮流”的代表，这面盘龙镜上，一条盘曲的龙飞腾至苍穹，回首张嘴像是要吞掉一颗珠子，云纹缭绕，栩栩如生。

篆文的“蟠”字，左边是蛇，右边的“番”是频繁更替的意思。蟠的本义是一条蛇盘绕着树枝前行，后来作为卷曲、缠绕的意思。

癸卯年·十一月廿九

星期三

WED

01 月

2024 · JANUARY

10

白玉透雕云龙纹佩·宋

星期四

THUR

癸卯年·腊月初一

01 月

2024 · JANUARY

11

这枚长度不足 10 厘米的长方形白玉佩件，用精湛的透雕和阴刻手法雕刻出了一条腾云驾雾、威风神气的龙。你看它昂首挺胸，盘曲着身体，在云海上托着一颗火珠。云龙纹是古代一种龙的纹样，以龙为主，卷云纹为辅，营造出龙腾跃于云上的动态美感。

金文

小篆

简体

金文的“佩”字左边是人形，右边代表用手握持，下面的“巾”表示精致的绸带，所以“佩”字表示用精致的绸带挂系的装饰物。在古代，将饰品用绸带系挂在身上叫“佩”。

星期五

FRI

癸卯年·腊月初二

01 月

2024 · JANUARY

12

粉彩镂雕夔龙纹转心瓶·清

星期六

SAT

癸卯年·腊月初三

01 月

2024 · JANUARY

13

转心瓶是清代发明的一种瓶器新样式，在镂空瓶内套装一个可以转动的内瓶，转动内瓶时，通过外瓶的镂孔，可以看见不同的画面。这件转心瓶采用粉彩技艺烧制，在惯常绘制颜料当中加入一种叫“玻璃白”的颜料，使一种颜色晕染出深浅层次，形成粉润的质感。夔（kuí）后来指的是一种很像龙但只有一足或两足的神兽，夔龙纹是一种古代的龙纹样式。

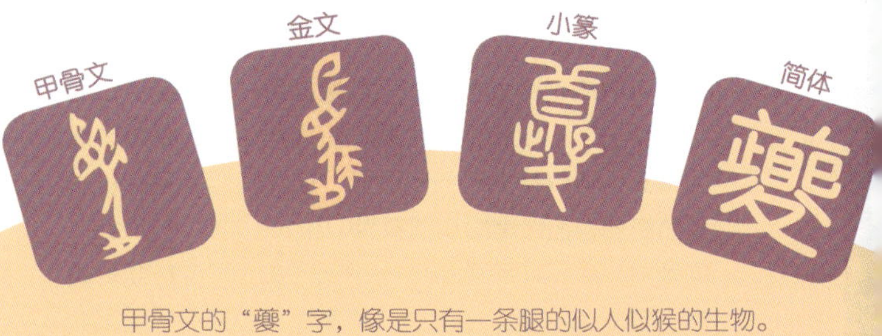

甲骨文的“夔”字，像是只有一条腿的似人似猴的生物。

夔原本指远古偏远地区山中的一种独腿山怪，后来指代一种似龙的神兽。

星期日

SUN

癸卯年·腊月初四

01 月

2024 · JANUARY

14

「颂」青铜壶·西周

星期一
MON

癸卯年·腊月初五

01 月

2024 · JANUARY

15

这是一件圆角方形的青铜壶，两边有兽首衔环耳，壶身刻有蛟龙纹，蛟龙纹也是古代龙纹样的一种。蛟龙是指生活在水中的龙，因此壶颈部用波曲纹与蛟龙组合成威猛生动的图样。这个青铜壶的颈部和内部还铸有铭文，记录了西周时一个叫“颂”的人受周王册封的典礼过程。

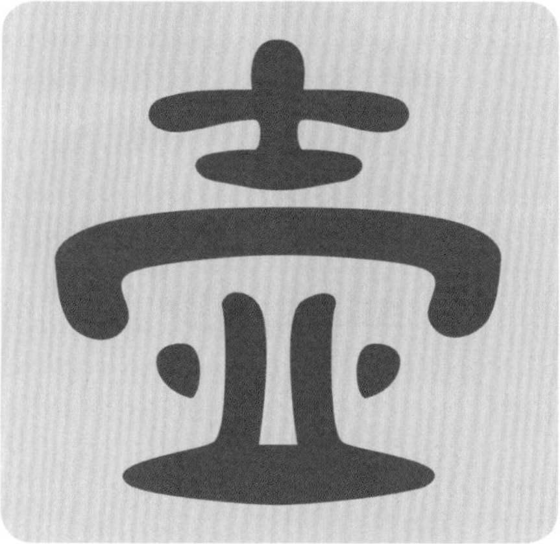

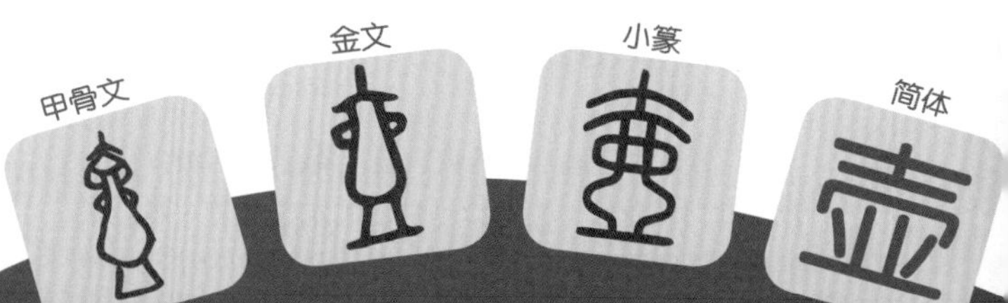

古代有一种盛放食物的圆腹器皿叫豆器，这种器皿中空、高脚，很像现在的“豆”字。甲骨文的“壶”就像是加了盖子的豆器。后来，壶用来盛放液体，大部分成了酒器。

星期二

TUES

癸卯年·腊月初六

01 月

2024 · JANUARY

16

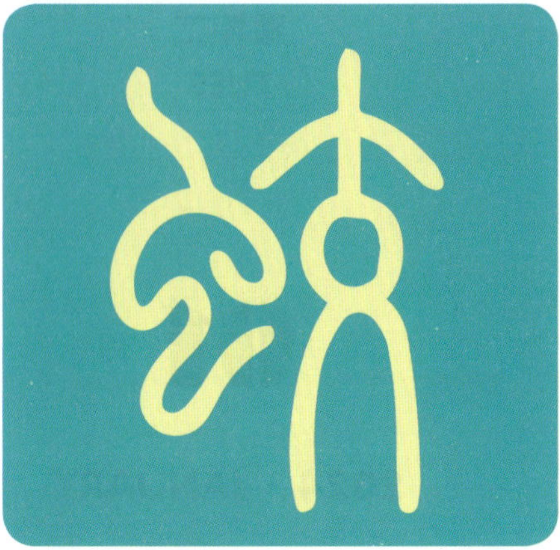

蛟

小篆

简体

蛟

小篆的“蛟”，左边是蛇，右边是交缠的意思，所以是指经常以身体交缠姿势盘踞的大蟒蛇。古人常常将大蟒蛇视同呼风唤雨、兴风作浪的神龙。

星期三

WED

癸卯年·腊月初七

01 月

2024 · JANUARY

17

小篆

简体

古代有一种煮饭的器具叫鬲（lì）。小篆的“粥”字，就是鬲里放着米，是把米放在锅里煮成稀饭的意思；两侧用两条曲线代表煮粥时候的蒸汽，后来慢慢演变成了用两个弓来表示。

星期四

THUR

癸卯年·腊月初八·腊八节

01 月

2024 · JANUARY

18

“小孩小孩你别馋，过了腊八就是年。”北方有此俗语，意思是过完腊月初八，就正式拉开了过年的序幕。腊八粥原本是寺院中熬制的“五味粥”。后来逐渐被民众喜爱，纷纷在这一天熬制多种食材的粥来吃，这就成了腊八节的习俗。

青铜冰鉴·战国

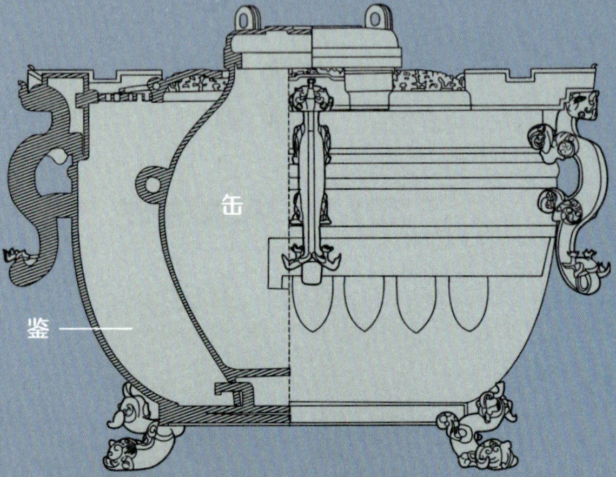

星期五
FRI

癸卯年·腊月初九

01 月

2024·JANUARY

19

这件青铜冰鉴可以说是史上最早的冰箱，有半人多高，周身装饰着繁复精美的纹饰，用龙等威猛又高贵的纹样打造了奢华的造型。冰鉴的外面是一个方鉴，里面放置了一个小一点的方尊缶，用环钩固定。在两件器具中间的空隙处，可以添加冰块，这样将酒灌入方尊缶之后，就可以喝到冰镇美酒，在古代只有贵族才有如此的享受。

金文的“寒”字，表现了房屋下面，有一个人形，人的周围是草，人蜷曲在屋内，以草避寒；下面两横表示“冰”，强调天气很冷。

星期六
SAT

癸卯年·腊月初十·大寒

01 月

2024 · JANUARY

20

大寒是二十四节气中的最后一个节气，是指一年当中最冷的时候。大寒之后，冬去春来，四季进入新的轮回。

金文中的“冰”将波涛状的一半简写成两点，同时加“水”，强调“冰”由液态的“水”凝固而成，所以表示水因低温而凝结成的固体。

星期日

SUN

癸卯年・腊月十一

01 月

2024・JANUARY

21

兽面纹扁足青铜鼎·商后期

星期一
MON

癸卯年·腊月十二

01 月

2024 · JANUARY

22

鼎原本是一种煮饭的器具，后成为重要的祭祀用具，并配以隆重的纹样装饰。这座青铜鼎，两只立耳是卷尾的伏虎造型，三只扁足是夔龙状，夔龙口接鼎腹底部。鼎腹装饰有兽面纹，花纹繁复郑重，凸显出浓烈的商朝地域风格。

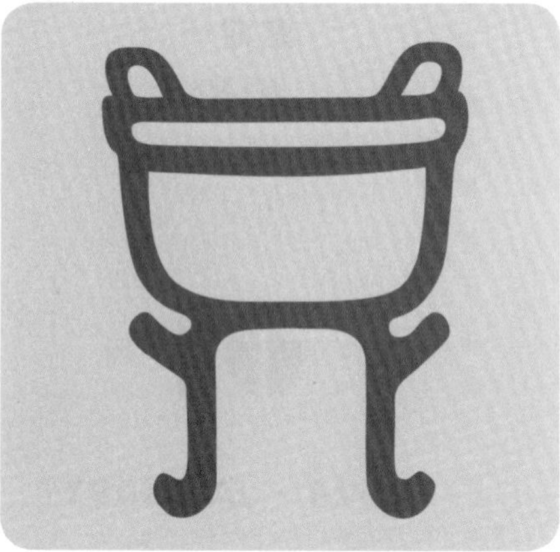

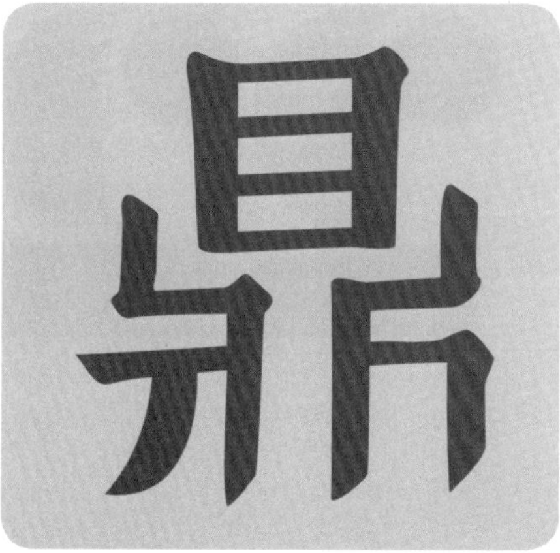

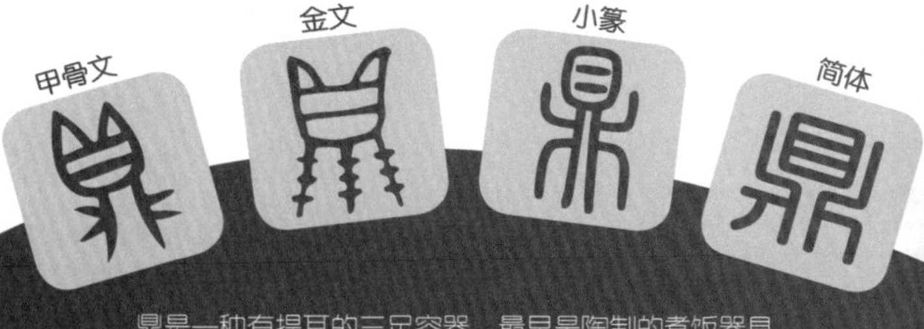

鼎是一种有提耳的三足容器，最早是陶制的煮饭器具，做饭时在三足中间烧火加热。

星期二

TUES

癸卯年·腊月十三

01 月

2024 · JANUARY

23

是“实用派”，也是“实权派”

远古时期的人，需要在危机四伏、食物短缺的环境中生存下来，找寻食物填饱肚子是每天的大事情。从采集可食用的植物，到发现某些植物种子可以食用，再从发现石头可以当作狩猎采集的工具，到发现了泥土能够制作烹调食物的器具，这期间经过了漫长的生存实践。

发现了火，发现了煮熟的食物更好吃，古人便制作出各种各样的烹调工具，鼎就是在优化做饭之路当中诞生的。人们最早将食物放在烧热的石头下加热，后来出现了陶罐。烹饪的时候，用石块将陶罐支起来，下面烧火，慢慢出现了三条腿的炊具，有的有盖，有的有耳，用来蒸煮食物，这种三足的烹调工具就是鼎，是十足的“实用派”。

青铜鼎除了作为贵族日常生活中的炊器，也是贵族祭祀等活动的常用礼器。大禹治水后，将天下分为九州，并铸造了九座大鼎代表九州。从此，“九鼎”成了王权的象征，争夺王权的争霸者，都希望自己能“问鼎天下”，鼎华丽变身为“实权派”。

东汉末年，中原大一统的局面被打破，出现了三方势均力敌的局面。在《后汉书》中用“鼎立”形容了当时的天下局势。“三足鼎立”形容局势像鼎的三只脚一样，各立一方，形成三方对立的局面。

星期三

WED

癸卯年·腊月十四

01 月

2024 · JANUARY

24

龙凤形玉佩·汉

星期四

THUR

癸卯年·腊月十五

01 月

2024 · JANUARY

25

这是一块青玉配饰，主体是一条回首仰望的龙，龙的背上站着一只凤与龙对望。龙凤纹是中国古代非常流行的寓意吉祥的纹样。

甲骨文的“回”字，是圈状符号上加一短横，表示循环反复、周而复始。回的本义便是以圈状的轨迹不断旋转、扩展。

星期五

FRI

癸卯年·腊月十六

01 月

2024 · JANUARY

26

青花云龙纹罐·元

星期六
SAT

癸卯年·腊月十七

01 月

2024·JANUARY

27

元代龙形，脖颈特别细，突出了粗壮的蟒身，形象更加凶猛强壮，龙爪以三趾或四趾为多。这件青花瓷罐上的龙，就是典型的元代龙的形象。

小篆

简体

左边是“缶（fǒu）”，表示与陶器有关。右边“雚（guàn）”是一种长嘴鸟，表音。罐本义是用陶或金属制成的汲水器、容器。

星期日

SUN

癸卯年·腊月十八

01 月

2024 · JANUARY

28

康熙帝龙袍·清

星期一
MON

癸卯年·腊月十九

01 月

2024 · JANUARY

29

这是清朝康熙皇帝的朝服，我们可以理解为是皇帝上班穿的正装。在古代，龙的形象一直是统治者权力的象征，皇帝也自命为“真龙天子”。龙袍的样式和花纹都有严格的礼制规定，制作一件龙袍，需要大量人工，用上等的衣料，配以金丝银线刺绣，非常繁复和奢华。

小篆

简体

“袍”字左边是衣服，右边是包裹的意思，

所以袍是指古代一种包裹全身的连体装。

星期二

TUES

癸卯年·腊月二十

01 月

2024 · JANUARY

30

我们为什么会认为自己是“龙的传人”？

关于龙的起源，有很多种说法：有人认为龙的形象来自蜥蜴、鳄鱼、马、猪、蛇等现实动物形象的升级；有人认为龙是黄帝统一部落后用以凝聚人民的文化符号；有人认为龙来自人们对闪电过后会下雨的想象……

在只能自给自足的原始社会，人们对自然的认识非常有限，只能将对强大、可靠、健壮的想象寄托在超自然的物体上，用想象连接已知与未知，安抚心灵，这就是神话时代的特征。

作为一种并不存在于现实中的神兽，因为强大而神秘的特质，龙受到历朝历代统治者的推崇，逐渐成为皇权的象征。对于普通百姓而言，龙代表的力量感，让人极为崇拜，于是人们向龙祈求一年风调雨顺，粮食丰收；作为“真龙天子”的子民，人们也希望自己的孩子能够长成高贵杰出的人，所以会有“望子成龙”的成语。

经过历代对于龙形象及意义的传承与加强，龙成为一种代表中华民族的文化符号并传承下来。拥有龙的神力庇佑，甚至像龙一样强大，是一种对安稳幸福生活的祈望。

星期三

WED

癸卯年·腊月廿一

01 月

2024 · JANUARY

31

二月

2024

FEBRUARY

兔眼

兔首·清

星期四
THUR

癸卯年·腊月廿二

02 月

2024 · FEBRUARY

01

清朝皇家园林圆明园中有一组非常特别的报时“水力钟”。这组水力钟用十二生肖铜像代表一昼夜中的十二个时辰，一个时辰等于现在的两个小时。每到一个时辰，代表这个时辰的生肖铜像便从嘴里自动吐出喷泉，正午时十二铜像会同时喷水。兔首是其中一件，兔首喷水代表卯时到，也就是现在的凌晨五点至七点，是万物生长的时刻。

兔

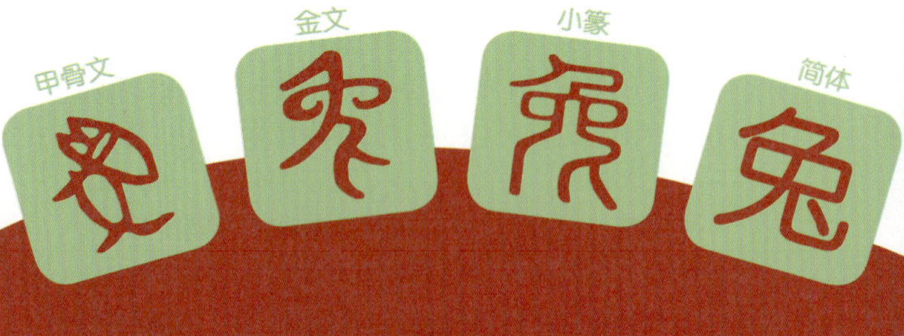

甲骨文的“兔”字，有长长的耳朵和短尾巴。

星期五

FRI

癸卯年·腊月廿三·北方小年

02 月

2024 · FEBRUARY

02

小年是中国的传统节日，人们在这一天清扫家宅、祭灶王。传说，家家户户供奉的灶王爷会在小年这天到天庭“汇报工作”，人们制作了香甜黏牙的糖瓜献给灶王爷，让灶王爷“上天言好事”，保佑人间来年风调雨顺。

扫

金文的“扫”字是人拿着扫把清灰尘的样子。小篆中的“扫”是用“土”来强调除尘的意思，后来“土”换成提手旁，慢慢演变成现在的样子。

星期六

SAT

癸卯年·腊月廿四·南方小年

02 月

2024 · FEBRUARY

03

最初，南方和北方小年都是腊月廿四。清朝后期，皇家在腊月廿三祭灶，北方百姓受其影响，逐渐把这一天定为小年。南方则仍以腊月廿四为小年。南方小年也会祭灶、扫房子，在饮食习惯上，北方一般会吃饺子，南方则会吃年糕、汤圆等。

甲骨文的“立”字，是一个正面站立的人，脚下的一条横线表示地面。小篆的“立”将人形写成了“介”，慢慢变形成现在的“立”。

星期日

SUN

癸卯年·腊月廿五·立春

02 月

2024 · FEBRUARY

04

立春是二十四节气中的第一个节气，“立”是开始的意思。立春后，冬日的寒冷和萧瑟慢慢过去，忙碌的春耕要开始了。在古代，立春是一个很重要的节日，民间有很多祈福的习俗。一年之计在于春，我们也忙碌起来吧！

玉兔 · 西周

星期一
MON

癸卯年·腊月廿六

02 月

2024 · FEBRUARY

05

这是一只玉石圆雕的碧绿色兔子，蹲卧在地上。整件器物长 3.2 厘米，宽仅 1.5 厘米，虽然体态迷你但雕琢精细，能清晰地看到兔子大张的嘴巴、凸起的双眼、向后伏倒的长角及角下的耳朵，造型十分生动。难道制作它的人真的见到了一只长角的兔子吗？

金文的“逸”字像一只脚在追逐兔子。兔子善于奔逃，

所以逸的字形就和“兔”字相关。

星期二

TUES

癸卯年・腊月廿七

02 月

2024・FEBRUARY

06

兔型青铜水盂·西汉

星期三

WED

癸卯年·腊月廿八

02 月

2024 · FEBRUARY

07

这是古人写字用的砚滴。古时候写字需要用墨条在砚台中研磨出墨汁，研墨的时候需要加水，于是出现了研墨专用水盂。水盂造型小巧，可放在案头，倒水时也很好控制水量。水盂原本大多是圆形，后来为了美观，出现了许多与水有关的动物造型。古人认为兔为月的象征，月属阴，也与水有关。

“于”是“竽”的本字，表示吹奏乐器。

在敞口的器皿中吹奏竽，可以放大竽的音量，狩猎时可以吓退野兽。

后来“盂”的意思渐渐演变成用来盛水或吃饭的陶盆。

星期四

THUR

癸卯年·腊月廿九

02 月

2024 · FEBRUARY

08

家

从捕猎野猪，到驯养出家猪，代表着古人定居的开始。
猪是家里的主要牲畜，所以房子里圈养着一头猪表示“家”。

星期五

FRI

癸卯年·腊月三十·除夕

02 月

2024 · FEBRUARY

09

除夕，是岁末的最后一天，“除”即去除的意思。在岁末的最后一个晚上，五湖四海的中国人都期待着回家，与家人一起吃年夜饭、贴春联、放烟花、祭祀祖先、守岁，阖家团圆，热热闹闹地迎接新的一年的到来。小朋友们会在这一天的晚上拿到“压岁钱”。

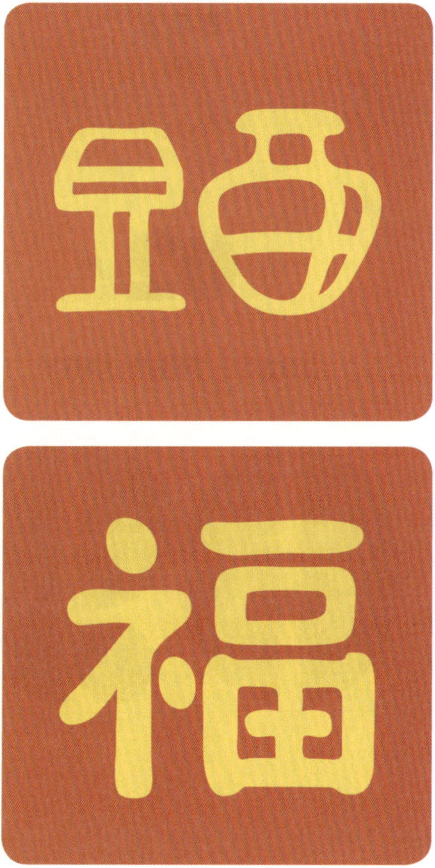

左边是祭坛，右边是酒，将酒放在祭坛上，

请求神赐予幸福，就是“福”。

星期六

SAT

甲辰年·正月初一·春节

02 月

2024 · FEBRUARY

10

春节，是农历新年的第一天，在这一天，人们穿上新衣服，走出家门，迎新纳福。家家户户都贴着“福”字，人们见面互相问好祝福，希望新的一年能够幸福安康。

年

一个人背着禾谷，表示庄稼成熟，有了收获。

古代谷物一年一熟，于是就用这个形象来表示一年。

星期日

SUN

甲辰年·正月初二

02 月

2024 · FEBRUARY

11

上面是兵器，下面是盛放兵器的器具。将兵器收起来不用，减少战争，就是“吉”。后来“吉”用来形容所有的好事情。

星期一

MON

甲辰年·正月初三

02 月

2024 · FEBRUARY

12

上面是鼓，表示欢庆；下面是口，发出欢呼的声音；
合在一起是快乐、高兴的意思。

星期二
TUES

甲辰年·正月初四

02 月

2024 · FEBRUARY

13

“财”字左边的“贝”表示钱，古时候贝壳曾是货币；
右边的“才”是读音。“财”的本义指财物。
古时候也与“才”混用，表示才能。

星期三

WED

甲辰年·正月初五

02 月

2024 · FEBRUARY

14

猎兔纹饰件·元

星期四
THUR

甲辰年·正月初六

02 月

2024 · FEBRUARY

15

这是一件玉佩。古时候猎人打猎会带猎狗帮助追赶野兔，这件配饰表现了猎狗凌空跃起咬住了兔子的场景。工匠巧妙地利用玉石上原有的黄色部分，雕刻成了植物。

猎

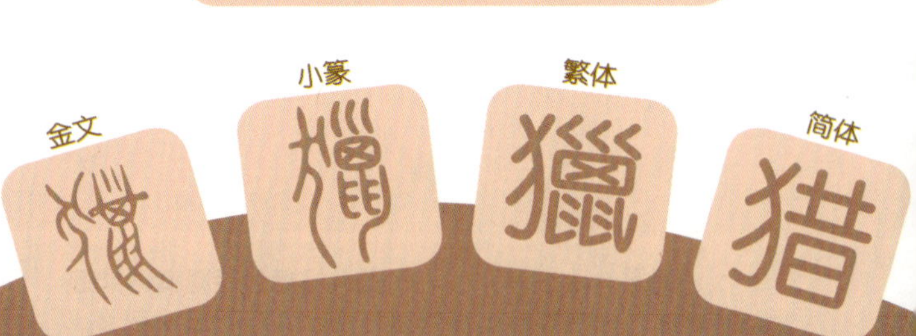

左边是“犬”，右边是“巤（liè）”，表字音。

带着猎狗去追捕猛兽，打猎更容易有收获。

“猎”就是打猎、捕捉禽兽的意思，后来也用来指打猎的对象。

星期五

FRI

甲辰年·正月初七

02 月

2024 · FEBRUARY

16

双兔饰件·元

星期六

SAT

甲辰年·正月初八

02月

2024·FEBRUARY

17

这三件玉饰件应该是同一条带子上的饰物。每一件饰件上都雕刻有两只兔子一前一后嬉戏。兔子是群居动物，会结伴形成伙伴关系，可以看出古人对自然的观察已经非常细致了。

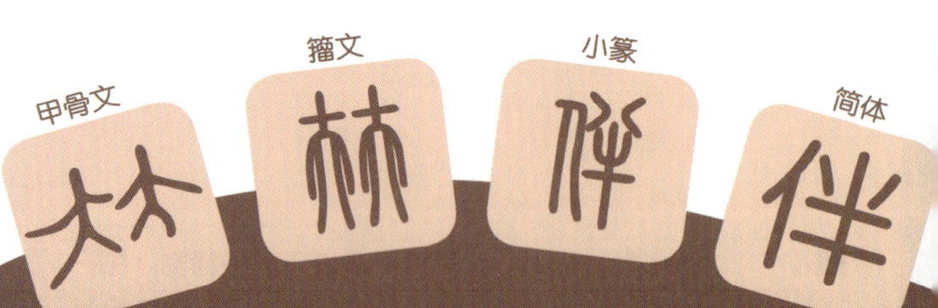

甲骨文的“伴”是两个“大”字，
是指两个成年人并肩而行。籀（zhòu）文的“伴”将“大”
写成了“夫”。伴的造字本义就是两个人并肩同行。

星期日

SUN

甲辰年·正月初九

02 月

2024 · FEBRUARY

18

云层里有雨水落下来，

“雨”字的四个点强调雨滴在下落。

星期一
MON

甲辰年·正月初十·雨水

02 月

2024 · FEBRUARY

19

雨水是二十四节气中的第二个节气，从此冰雪消融，降水越来越多。在“润物细无声”的春雨中，大地开始萌发出勃勃生机。

『济南刘家功夫针铺』广告青铜版·宋

星期二
TUES

甲辰年·正月十一

02月

2024 · FEBRUARY

20

这块青铜版是用来印刷宣传广告用的，这是目前已知最早出现商标的广告。“济南刘家功夫针铺”是店铺的名字，中间刻着的“白兔捣药图”，就是这家店铺的标志了！这是提醒顾客认准白兔标记，谨防假冒！

小兔子那么可爱，怎么会在月亮上捣药呢？

古时候，人们的生存环境极其险恶，兔子有极强的繁殖能力，受到了人们的喜欢。当时常见的野生兔子多为黄灰色或褐色，纯白如玉的白兔十分稀有，于是被人们视作祥瑞，称为“玉兔”，甚至化身为传说中的形象。

古人仰望夜空，看到月亮表面呈现深浅不一的痕迹，觉得形状很像兔子，便想象出了很多关于兔子和月亮的故事。在关于西王母的传说中，西王母掌管不死药，月宫中的玉兔专门负责制作不死药。嫦娥偷吃的药，就是玉兔捣药制作的。

纯洁可爱的玉兔，不仅在民间传说中因捣药而被视作健康长寿的象征，在文学作品中也频繁出现，与遥不可及的月亮一起，成为浪漫诗意的形象。

星期三

WED

甲辰年·正月十二

02 月

2024 · FEBRUARY

21

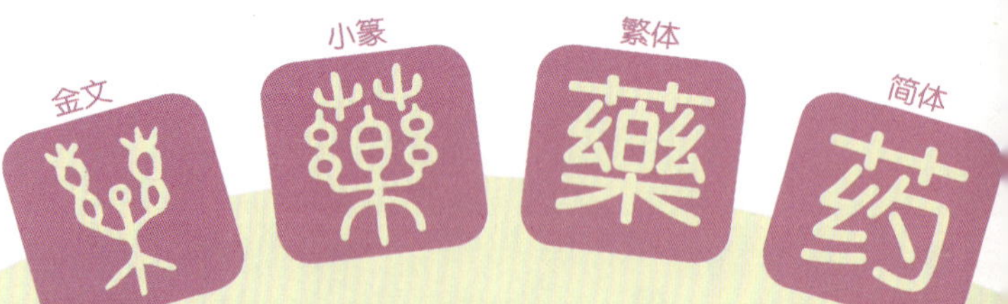

“艸”代表“草”，“樂”即“乐”，是愉快舒适的意思。

“药”就是吃完可以消除病痛、带来健康快乐的草木。

星期四

THUR

甲辰年・正月十三

02 月

2024・FEBRUARY

22

《宪宗元宵行乐图》卷（局部）· 明

星期五

FRI

甲辰年·正月十四

02 月

2024 · FEBRUARY

23

这幅长卷描绘的是明宪宗在皇宫里观赏宫人元宵游玩的各种情景。画面被庭院红墙分隔为三个场景：宫人们燃放爆竹和烟花；把热闹的市集搬到了皇宫中，贩售各种各样的花灯，人形灯、象形灯、蟾蜍灯、兔子灯，还有著名的巨型宫灯“鳌山灯”；还有化装演出和各式杂耍，可以说热闹非凡。

“宵”上面的“宝盖头”指房屋，“肖”表示读音，组合起来表示入夜后人多在屋内，是夜晚的意思。

星期六
SAT

甲辰年·正月十五·元宵节

02 月

2024 · FEBRUARY

24

元宵节是农历一年中的第一个月圆之夜。点灯、祈福、放烟花、猜谜、吃元宵，就是要热热闹闹地庆祝这一天。

金文中“市”的上半部分是“止”，是停止的意思；
下半部分“兮”，指招揽叫卖的意思。市本义就是可以叫卖的地方。

星期日

SUN

甲辰年·正月十六

02 月

2024 · FEBRUARY

25

光

甲骨文中的“光”字形像一个人跪坐着，举着火把照亮周围，远远看去，好像头上有一团火。光的本义是光亮、明亮的意思。

星期一
MON

甲辰年·正月十七

02 月

2024 · FEBRUARY

26

月宫铜镜·唐

星期二
TUES

甲辰年·正月十八

02 月

2024 · FEBRUARY

27

这面铜镜描绘了唐朝人对月亮的浪漫想象。嫦娥奔月的传说家喻户晓，但嫦娥飞上月宫之后，就有很多种说法了。这面铜镜上的月宫里有一株枝繁叶茂的桂树，仪容美丽的嫦娥飞升向上，振袖曼舞。她左手托一果盘，右手举“大吉”铭牌，缭绕的祥云和彩带衬托着嫦娥曼妙的舞姿，还有握杵捣药的玉兔和一只蹦跳的蟾蜍——月宫里越来越热闹了！

“木”表示树木，“圭”表示读音，

“桂”专指桂花树。

星期三

WED

甲辰年·正月十九

02 月

2024 · FEBRUARY

28

月宫很清冷？
玉兔的邻居可不少呢！

传说，后羿的妻子嫦娥偷吃了西王母奖励给后羿的不死药，飞升到了月亮上，从此清冷孤寂地凝视着再也回不去的家。但嫦娥是不是很孤独？可能未必，民间传说可给月亮上安排了不少“居民”。

月宫中最具代表性的“居民”当属嫦娥，据说嫦娥飞上月亮时，西王母叫身边的玉兔去陪她了，我们知道玉兔在月亮上捣药呢！当然，月宫中不止有玉兔和嫦娥相伴，蟾蜍也是他们的邻居。传说蟾蜍和玉兔制作的“蛤蟆丸”有关，不管怎么样，自唐代以后的文物显示，月亮上肯定是有蟾蜍了！还有另外一个传说，一个叫吴刚的人，学习修仙，但犯了错误，被罚到月亮上去砍伐一棵无论如何也砍不倒的桂花树。

所以，月宫中的“居民”很多，月亮上也挺热闹！

星期四
THUR

甲辰年·正月二十

02 月

2024 · FEBRUARY

29

三月

2024

MARCH

牛耳

五牛青铜枕·西汉

星期五

FRI

甲辰年·正月廿一

03 月

2024 · MARCH

01

这是古滇国（今云南部分地区）的马鞍形青铜枕，左右两端上翘，各矗立着一头体态雄健的公牛，枕头侧面浮雕三头立牛，间隙处还装饰有蛇虎纹。在滇文化中，牛与人的关系非常紧密，不仅是重要的生产工具，还是财富的象征。滇人认为牛是一种灵性动物，所以祭祀神灵的时候经常用牛作为祭品。

甲骨文里的“牛”，两侧向上弯的部分是两只大牛角，牛角下面斜向上的是牛耳朵。古人造字时，以牛头代表牛，突出牛角是牛的基本特征。

星期六
SAT

甲辰年·正月廿二

03 月

2024 · MARCH

02

“枕”字中有木，说明最早的枕头与木有关。篆文中的“枕”，左为木，右是一个人，表示人靠在木枕上休息。

星期日
SUN

甲辰年・正月廿三

03 月

2024・MARCH

03

高枕真的“无忧”吗？

从出土的历朝文物来看，古人睡觉用的枕头真是多到令人吃惊，木头、竹子、玉石、青铜、陶瓷等材质做成的枕头，硬且高，让人疑惑这样的枕头枕起来真的舒服吗？

许多人用“高枕无忧”来解释个中缘由，关于这个成语，有人说是指君王用高枕，少睡觉，勤政则可以国力强盛无忧；也有人说就是指可以安心睡觉的意思。不论是否能安心睡觉，枕头这么高，睡上去肯定感觉头疼脖子酸！

其实高枕根据形状不同，有不同的睡法：有的枕头是用来侧卧的，有的枕头是枕住颈部的……古人可能并不像我们一样喜欢将后脑勺埋进枕头里。

古人认为，硬邦邦的高枕不但有益于身体健康，并且可以更好地保护盘好的发型，夏天睡起来也很凉快。枕头的材质还代表着身份地位，比如贵族用玉枕，平民则用木枕、瓷枕。后来，逐渐用布料或其他材质做枕头，但硬和高的内核仍旧保留了下来。

所以，高枕在古人看来好像真的无忧，但要现代人来使用的话，却很忧愁！

星期一

MON

甲辰年·正月廿四

03 月

2024 · MARCH

04

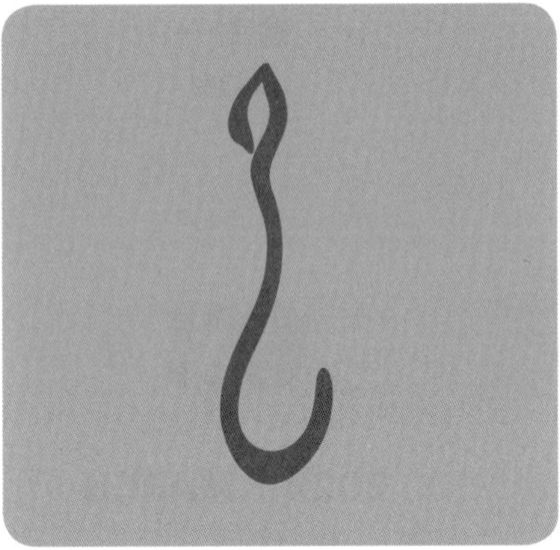

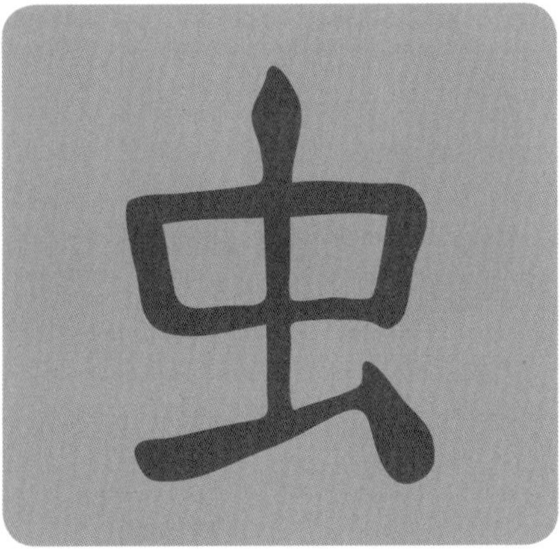

甲骨文中的“虫”上部像蛇头，下部像弯曲的身体。在古文字中，“蛇”“虫”二字很相似，在古代，蛇被称为“大虫”“长虫”。

星期二

TUES

甲辰年·正月廿五·惊蛰

03 月

2024 · MARCH

05

惊蛰是二十四节气中的第三个节气。“蛰”是指动物在冬季将自己封藏起来，不吃不动。“惊”就是惊醒的意思。惊蛰过后，天气转暖，春雷乍动，雨水增多，蛰伏一冬的万物开始显现出生机。

石牛·商王武丁时期

星期三
WED

甲辰年·正月廿六

03 月

2024 · MARCH

06

这是一只用白色大理岩雕刻的石牛，出土自商王武丁的妻子妇好的墓葬中。牛的下颌刻有“后辛”字样，是妇好的庙号，用以在她去世后供奉。这只石牛呈俯卧姿态，身上刻有卷云纹，这种沿着花纹直接刻入的技法称为“阴刻”，是新石器时代最常用的雕刻技法。

甲骨文中的“云”形象描绘出旋卷气流在

天空中飘移的样子。

星期四

THUR

甲辰年·正月廿七

03 月

2024 · MARCH

07

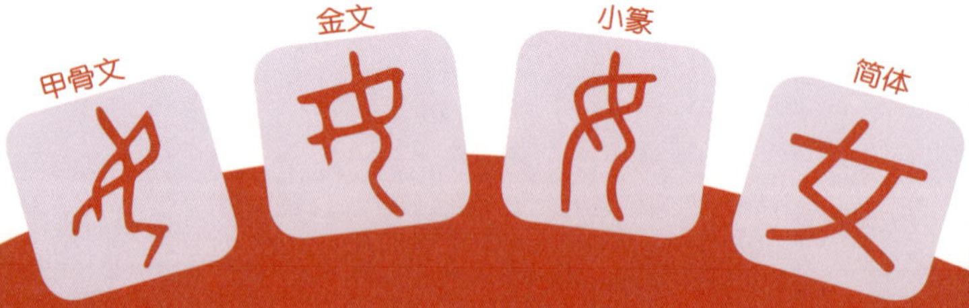

甲骨文中的“女”是一个屈膝跪地、双手交叉放在胸前的女子形象，这是古代妇女在室内常见的跪姿。

星期五

FRI

甲辰年·正月廿八·妇女节

03 月

2024 · MARCH

08

错金银云纹青铜犀尊·西汉

星期六
SAT

甲辰年·正月廿九

03 月

2024 · MARCH

09

这是一件犀牛形状的酒尊。中国古代常用动物做成酒尊的样子，这件犀尊就是按照当时生活在中国的苏门犀的样子制作的。犀牛昂首矗立，肌肉发达，身形健壮，所有细节栩栩如生。犀尊是中空的，背部有椭圆形的注水口，口上配有盖子。在犀牛口右侧有一根圆管，是倒酒用的流管。当握住犀牛尾巴轻轻抬起时，腹腔内的酒液便从圆管内流出。犀牛全身布满了流云游丝般的花纹，是用黄金和白银的细丝镶嵌而成，也正是这种错金银工艺让犀尊看起来熠熠生辉。

“钅”表示用金属等镶嵌，“错”的本义是用金涂饰、镶嵌，指错金银工艺。后来，错引申指交错，又引申为不相合、错误等。

星期日

SUN

甲辰年・二月初一

03 月

2024・MARCH

10

角

甲骨文里的“角”就像一只被割下来的兽角，
上面还能看见天然的纹理。

星期一
MON

甲辰年·二月初二·龙抬头

03 月

2024 · MARCH

11

龙抬头，来源于古人对星象的观察与对龙的崇拜。古人认为在东方天空的七颗星宿组成了龙的图案，称之为“苍龙七宿”。在冬季，龙隐没在地平线以下，每年二月二之后，代表龙角的星星会显现出来，逐渐整个龙身都显现在夜空，待秋季后又隐没。龙形象在古代一直被认为与降雨有关，“苍龙七宿”在夜空显现，也与春季来临、雨水增多相关。所以二月二成为一个祈祷风调雨顺、粮食丰收的节日，逐渐成为民间传统节日，在这天各地不仅有各种热闹的祭祀活动，二月二剪个新发型，精神焕发地期待来年好运气，也成为一项习俗。

世界上最美丽的“错”

在春秋战国至两汉时期的青铜器上，我们经常会发现金银纹样装饰，与器型本身的颜色不同，却浑然一体，熠熠生辉，异常美丽。这是一种非常特别的工艺——错金银，也叫金银错。

错金银工艺是在器物上按照设计的纹样开槽，将金银处理成丝或片状，嵌进槽里锤打牢固，最后打磨光滑，形成严丝合缝的纹样装饰。错金银的工艺细致、繁复，需要极高的技艺。在这门手艺诞生之时，汉字里有了“错”这个字。

随着历史的发展,“错”字逐渐从镶嵌的意思，变化为“交错”“错误”等意思。虽然错的意思变了，但错金银的工艺历经数千年，传承到了现在，成为国家级非物质文化遗产之一。

星期二
TUES

甲辰年・二月初三

03 月

2024・MARCH

12

错金银犀牛青铜带钩・战国・巴

星期三
WED

甲辰年·二月初四

03 月

2024 · MARCH

13

这是一件精美的带钩，是古人用来系扣腰带的配饰。在古代贵族中，佩戴造型独特、做工精美的带钩，象征着身份和地位。这件带钩采用犀牛造型，巧妙地利用犀牛角作为钩子，使用错金银工艺装饰，非常奢华。

兕

“兕（sì）”指古代一种盛酒的器皿，还用来指古书上所说的犀牛，一说指雌性犀牛，这是一种像野牛的异兽，外表呈青色。

星期四

THUR

甲辰年·二月初五

03 月

2024 · MARCH

14

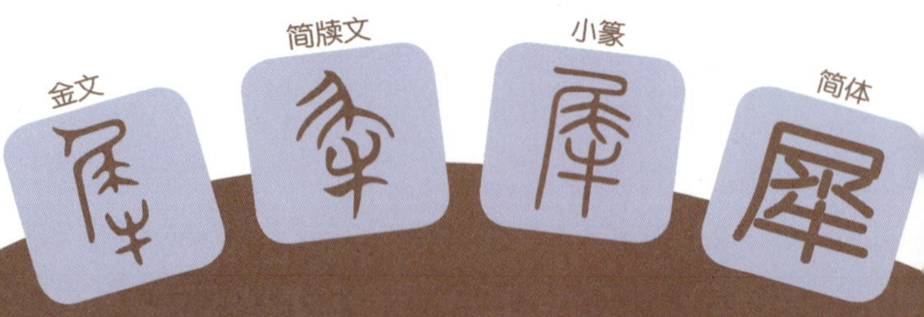

金文中的“犀”字从牛，“牛”为动物名，用作形符。

在古代，犀牛皮是用来制作盔甲的重要材料。

星期五

FRI

甲辰年・二月初六

03 月

2024 · MARCH

15

奔跑在中原大地上的犀牛，到哪儿去了？

犀牛是一种生活在热带的大型草食动物，经常能在非洲的大草原上看到它们。中国地区早已没有野生犀牛，但如果有人告诉你，中国曾经有犀牛，数量还非常多，你可能会大吃一惊！

回想一下，我们看到犀牛形状的酒器、犀牛形状的配饰，制作精细并栩栩如生，可以想见，古代应当是经常能够看到犀牛，工匠们才能表现出如此细致入微的技艺。

从考古发现中，我们也能探寻到古代犀牛的线索：新石器时代的遗址中多次发现了犀牛骨，甲骨文中也有对猎捕犀牛的记载，犀牛皮做成的战甲更是兵士们追捧的装备……

犀牛繁殖率低，加上人类的大肆捕杀，在中国华北平原上生活的犀牛可能在西汉晚期已经绝迹，在中原大地上消失了。此后，犀牛仅存在于部分地区。20 世纪 20 年代之后，犀牛在中国销声匿迹。

时至今日，我们反思认为无节制的猎捕和生态平衡的破坏，是犀牛在中国灭绝的根本原因。回看犀牛在中国大地上的消失历史，我们更能够明白地球并不仅仅是人类的地球，而是所有生物共同的家园。

星期六
SAT

甲辰年・二月初七

03 月

2024・MARCH

16

粉彩耕织图鹿头尊·清

星期日
SUN

甲辰年·二月初八

03 月

2024 · MARCH

17

鹿头尊是一种清朝才有的尊的样式。这件鹿头尊大口，瓶腹圆，两侧有对称的一足龙形耳，也称夔耳，寓意吉祥如意。瓶身绘制了《耕织图》，生动地展现了农家耕作与纺织的场面。

简帛文的“耕”在构形上由一个农具和“田”组成，“耕”的造字本义就是在田间用农具劳作。

星期一

MON

甲辰年·二月初九

03 月

2024 · MARCH

18

春

甲骨文中的“舂”就像双手握着舂杵在捣缸中捣米，

表现古人将谷物加工脱壳的情形。

星期二
TUES

甲辰年・二月初十

03 月

2024・MARCH

19

在甲骨文中，“春”字由“日”“艸”“屯”三部分组成，
强调春回大地、万物生长。

星期三

WED

甲辰年·二月十一·春分

03 月

2024 · MARCH

20

春分是中国二十四节气中的第四个节气，在这一天，太阳直射赤道，昼夜时间相等，各为 12 个小时，所以“分”有昼夜平分的意思。古人认为立春到立夏之间是春季，春分正好在春季正中，于是“分”也正好平分了春季。春分之后，我国大部分地区会进入阳光明媚、春风和煦的季节，所以民间有春分“立蛋”、吃春菜、放风筝等习俗，庆贺春天的到来。

柳荫牧笛图册页·宋

星期四

THUR

甲辰年·二月十二

03 月

2024 · MARCH

21

这幅山水图，用浅淡的方式呈现水岸斜柳，牧童在树下吹笛，水牛在岸边仰头似低吼状。使用一角山水表现小景致，融合田间劳作场景，意境恬淡又富有生活气息，这是南宋时期非常流行的画法。

牧

甲骨文中的“牧”字左边表示牛，右边表示手持木棍，描绘出一个人手持木棍驱赶牛的情形。

星期五

FRI

甲辰年・二月十三

03 月

2024 · MARCH

22

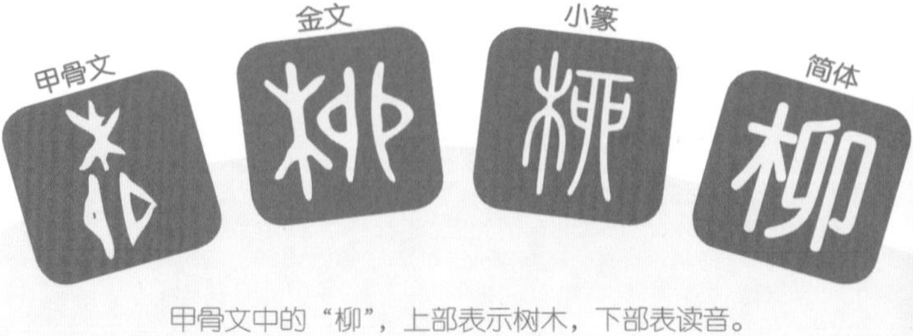

甲骨文中的“柳”，上部表示树木，下部表读音。

中国幅员辽阔，古文字的字形与字音并不是一开始就统一的。

所以我们会看到很多字的读音跟现在不一样。

星期六

SAT

甲辰年·二月十四

03 月

2024 · MARCH

23

错银卧牛青铜镇·战国·楚

星期日
SUN

甲辰年·二月十五

03 月

2024 · MARCH

24

这是一只席镇，古代人跪坐在地面、床榻上时，都需要铺上席子，为了防止席子在起坐时移位，会在席子的四角压上重物，固定位置。青铜因质量重，是制作席镇的首选材料。这只席镇用错银为卧坐牛身点缀了美丽的云纹。从席镇腹部的铭文推测，这件奢华精美的席镇，应当是当时王室的专用物件。

“镇”左边为“钅”，作形旁表义，本义是利用金属、玉石的重压来定位，后引申为用强力压制。

星期一
MON

甲辰年・二月十六

03 月

2024・MARCH

25

如何文雅地与朋友绝交？

现在要是和朋友绝交，我们会在社交媒体上拉黑对方，或者直接删除联系方式。但在古代，和朋友闹翻了，如何绝交呢？

第一种办法：割席断交。古人在很长一段时期内，都是席地而坐，在地上或床榻上铺设软席，增强跪坐的舒适感。聚会、聚餐、学习等场景下，朋友们都会坐在一起。据说有一个叫管宁的人，他与好友华歆总是一起读书、一起劳作。有一次正在读书时，外面街上有豪车经过，十分喧闹，管宁继续读书不为所动，华歆则耐不住诱惑跑去看热闹。管宁于是割开了与华歆同坐的席子，表示“我没有你这个朋友”。现在没有席子可以割了，我们还是会用割席来表示绝交的意思。

第二种办法：割袍断义。哪怕亲如兄弟的关系，也总会遇见意见不合、价值观不一的情况。据说古代有一对结义兄弟，一个叫徐懋功，他是还未当上皇帝的李世民的亲信；一个叫单雄信，他站在李世民的对立面。当单雄信想要刺杀李世民的时候，徐懋功拉住单雄信的战袍阻拦，单雄信当即割断袍子，表示二人恩断义绝。这个方法较为激烈，需要谨慎采用。

第三种办法：写绝交书。有时和你吵架的朋友离你很远，或我们有很多话但是当面说不出口，这时可以写信或者写诗绝交。比如魏晋时的竹林七贤之一嵇康写下了《与山巨源绝交书》，他在信中拒绝了山涛（字巨源）的荐引，表达绝交之意。这是看起来最不激烈的方式，不仅可以练习写作，吐露自己所有的不开心，写完信，愤懑的心情还能得以舒缓，强烈推荐这种绝交办法。

星期二
TUES

甲辰年·二月十七

03 月

2024 · MARCH

26

陶牛车·北齐

星期三
WED

甲辰年·二月十八

03 月

2024 · MARCH

27

长期战争马匹锐减，所以南北朝盛行牛车代步，这辆带篷牛车应是当时较为流行的样式，有私密空间又不憋闷。马拉车和牛拉车，在不同时代有着不同的讲究和流行风尚。有的朝代崇尚马拉车，体现尊贵；有的朝代流行牛车，出行稳当。马车速度快，牛车负重多，所以在南北朝时期，人们开始专门培训驾车的牛，使得牛车成为主要的交通工具。

车

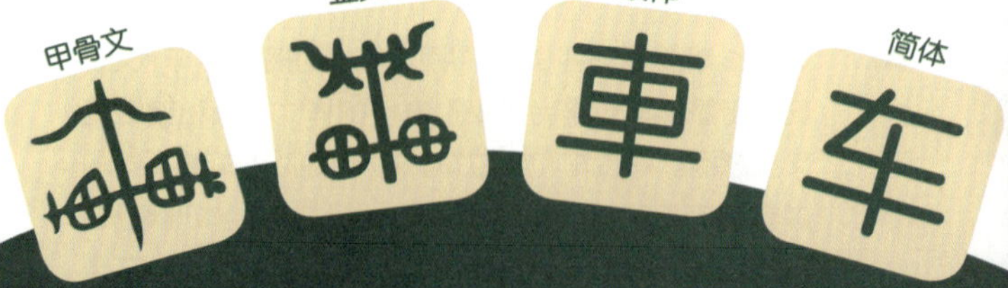

车是古代重要的交通工具，甲骨文和金文里的“车”有两个车轮，后来车轮逐渐简化为一个。

星期四
THUR

甲辰年・二月十九

03 月

2024・MARCH

28

七牛虎耳青铜贮贝器·西汉

星期五

FRI

甲辰年·二月二十

03 月

2024 · MARCH

29

贮贝器类似我们现在的存钱罐。“钱”的最早形式，是一种内陆少见的海贝，贮贝器就是专门用来存放贝币的。这件贮贝器来自滇国，滇国的畜牧业非常发达，以牛最多，滇国人与牛共同劳作，以牛为家庭资产，也崇拜牛，因此会在多种器具上采用威武的牛造型做装饰。

在古代，人们将贝壳作为货币使用，所以以“贝”作为部首的字大多与财物有关，如财、赏、货等。

星期六
SAT

甲辰年・二月廿一

03 月

2024・MARCH

30

甲骨文的“贮”字就像装了贝壳的箱子。贝在古代是财货物品的代称，因此，“贮”就是将得到的财货储藏起来。

星期日

SUN

甲辰年·二月廿二

03 月

2024 · MARCH

31

四月

2024

APRIL

鱼鳞

鱼纹彩陶盆·新石器时代·仰韶文化

星期一
MON

甲辰年·二月廿三

04月

2024 · APRIL

01

这是半坡遗址出土的彩陶盆，距今已有六千余年。在那个时候，古人已经发现了泥土的妙用，制作了陶盆。在彩陶制作中，人们采用先彩绘后烧制的方法。在彩绘前，需要在陶坯上涂刷一层细陶土泥浆，有时候还会在泥浆中加入一些颜料。泥浆在烧成后附着于器壁上，呈现出红或白等颜色，既美观又能起到保护作用，而且不易褪色。在这个时期，鱼纹是非常流行的纹样，可能因为当时人们滨水而居，渔猎活动频繁。这件彩陶盆上的鱼形，已经从写实走向了抽象。

鱼

甲骨文的"鱼"字就是一条鱼的形象，
鱼的头、身、鳞、鳍、尾俱全。

星期二

TUES

甲辰年·二月廿四

04 月

2024 · APRIL

02

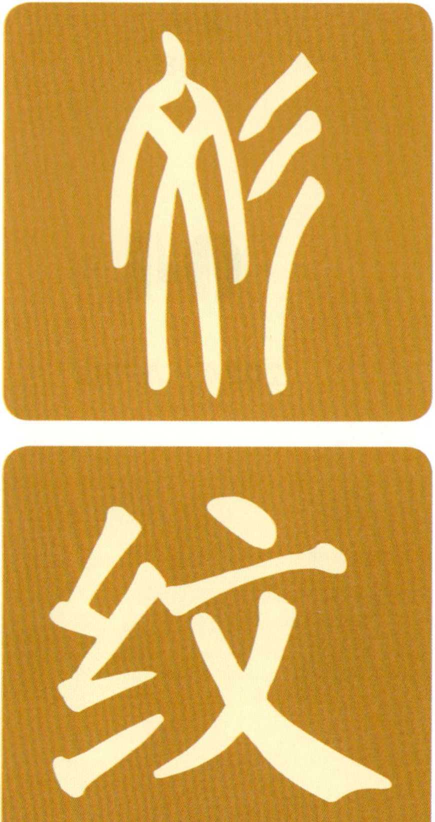

“文”是“纹”的本字，纹的本义是丝织品上的花纹，后泛指各种花纹、纹路。

星期三

WED

甲辰年·二月廿五

04月

2024·APRIL

03

把“日”和“月”放在一起，表示明亮、光亮。
甲骨文的“明”字由“月”和一个窗户形的圆组成，
意思是月光照进窗户里，也同样表示光亮、明亮。

星期四

THUR

甲辰年·二月廿六·清明

04月

2024·APRIL

04

清明是二十四节气中的第五个节气。因这时的气候“气清景明，万物皆显”而得名。清明时节春意融融、草木丰茂、百花盛开，是春耕劳作的好时节。后来与祭祖习俗融合，清明前后是大家扫墓祭祖、春游踏青的时候。

三彩釉印花游鱼海棠式瓷长盘·宋·辽

星期五

FRI

甲辰年·二月廿七

04月

2024·APRIL

05

这是一个海棠花造型的辽三彩瓷盘，盘底绘制了落花游鱼图，非常精美。辽三彩属于低温彩色釉陶制品，经过二次烧制，颜色清澈光艳，继承了唐三彩的传统技法。辽三彩器具多以生活用品为主，如此精美的生活用品，使用起来会非常愉悦吧！

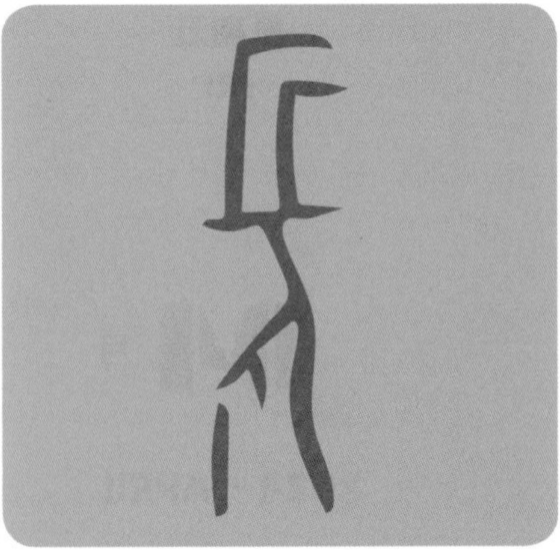

长

甲骨文里“长”像是一个长发老人拄着拐杖，本义应指年老发长，因古人有不理发的习俗。

星期六

SAT

甲辰年·二月廿八

04 月

2024 · APRIL

06

小篆

简体

“彩”字的左边为“采”，是一只手正在采摘树上的果实，“采”在此字中表示字音。右边的“彡”与图画、纹饰有关。“彩”的本义为文采、才华。

星期日

SUN

甲辰年・二月廿九

04 月

2024・APRIL

07

古代人为什么喜欢用鱼形做装饰？

鱼形纹样或配饰是中国人自古以来非常喜欢使用的装饰元素。最早的鱼纹装饰是在新石器时代河姆渡文化出土的陶器上发现的，这时的鱼形象概括、夸张、简洁，样式古拙。后来，每个朝代都继续将鱼纹运用于器皿的装饰上，鱼形也越来越写实细致。

中国古代文明发源于黄河与长江流域，原始居民生活在水边，鱼成为生活中的必需品。长期的渔猎生活使得先民希望像鱼一样繁衍不息，希望部族不断壮大，把对自然的崇拜及精神寄托都充分表现在了纹饰上。后来，人们认为鱼和龙有互变的关系，由此鱼又被赋予了金榜题名等好寓意。

明清以后，人们喜欢用谐音寓意美好的意思，所以鱼也经常出现在许多吉祥词语中：一个胖娃娃抱着一尾大鲤鱼表示“年年有余”；蝙蝠和鱼组合起来表示“富足有余”；金鱼纹样就是“金玉满堂”……这些吉祥寓意在民间流行，代表了人们对生活的安稳富足有着强烈的渴望，而这些美好的愿望，也延续到了今天。

星期一

MON

甲辰年·二月三十

04 月

2024 · APRIL

08

鱼龙形花插 · 清

星期二

TUES

甲辰年·三月初一

04 月

2024 · APRIL

09

这是一件清朝乾隆年间制作的插花器皿。两条鱼龙仰头向上，张大的嘴巴用来插花，身下雕刻寿山福海纹，寓意“福如东海，寿比南山”，推测这应当是一件祝寿的礼物。鱼龙是介于鱼与龙之间的形象，在中国古代神话中，认为鱼和龙可以相互转化。

小篆

金文

简体

鱼和羊，是江河山野里的美味食物，组合在一起就是味道鲜美的意思。古时候还常用“䲆”“鱻”来表示鲜美的意思。

星期三

WED

甲辰年·三月初二

04 月

2024 · APRIL

10

游鱼图·清

星期四
THUR

甲辰年·三月初三

04 月

2024 · APRIL

11

这幅《游鱼图》是明末清初画家朱耷晚年的代表作品。朱耷，号八大山人，清初画坛“四僧”之一。作为明朝遗民的朱耷，一生都游离在主流之外，他的画作不仅以怪诞、出奇为特点，也一直表达着他的哀怨与抗争。这幅《游鱼图》，主角是一尾“白眼向人”的瘦鱼，用简笔画法勾勒出鱼的形，位于画面上方。下方数笔水草与两条嬉戏的小鱼，衬托出瘦鱼的“孤寂”之感。

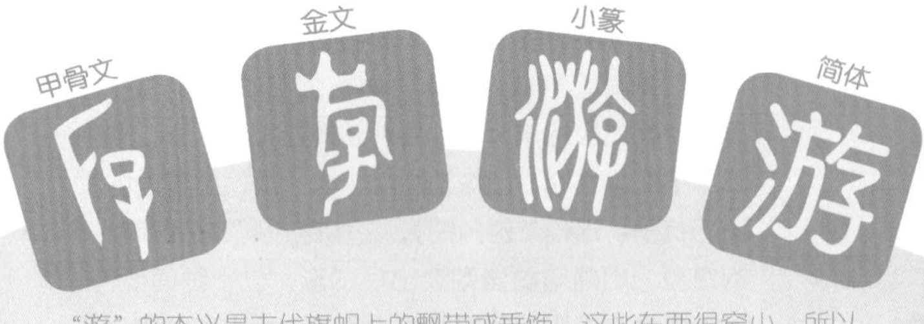

“游”的本义是古代旗帜上的飘带或垂饰。这些东西很窄小，所以字形中有表示小的甲骨文“子”字。后来，游指水流，引申为不固定的、经常移动；也指河流的一段，或人和动物在水中活动。

星期五

FRI

甲辰年·三月初四

04 月

2024 · APRIL

12

小篆

简体

草

“艸”是形，“早”表示音。

小篆的“艸”，像两棵草形，是“草”的本字。

星期六

SAT

甲辰年·三月初五

04月

2024 · APRIL

13

跃过龙门后，
鲤鱼就会变成龙吗？

相传在很久以前，黄河以东的地方有一座龙门山，挡住了黄河的去路，大禹将这里的山凿开，成了一扇门的样子。黄河水从这里奔腾而下，两岸是悬崖峭壁，人车无法通过，大禹就把这里叫作龙门。

在那以后，每年三月间，有许多黄鲤鱼聚集在这里，从水中跃起，想要跳过龙门。若是跳过了龙门，就有云雨伴随，还有天火烧掉鲤鱼的尾巴，鲤鱼就会变成真龙升天；若是跳不过去，会撞得鼻青脸肿，只好回去继续做鲤鱼。

这样的传说是怎么来的呢？有人认为，古人将每年春季洄游至河流上游产卵的鲟鱼错认成了鲤鱼。因为鲟鱼产卵前会有跃出水面的习惯，正好人们观测天象，发现天上的星象像一条龙，春季抬头，秋季潜伏。于是，就将跃出水面的鱼和像龙一样的星象联系了起来。

虽然鲤鱼没有真的变成龙，但是“鲤鱼跃龙门”的故事带着勇气和梦想，流传了一代又一代。

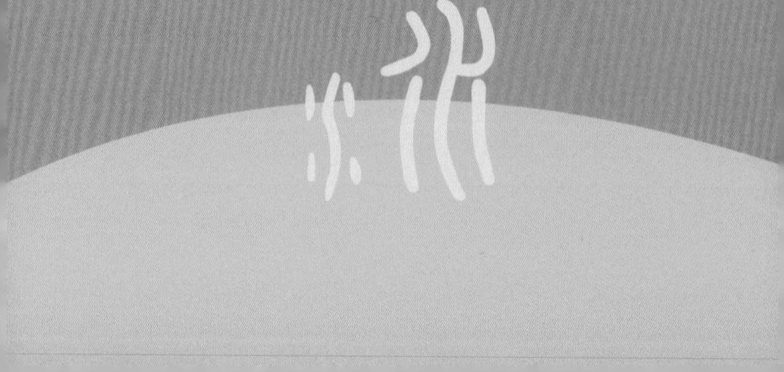

星期日
SUN

甲辰年·三月初六

04 月

2024 · APRIL

14

玉鱼·商王武丁时期

星期一
MON

甲辰年·三月初七

04 月

2024 · APRIL

15

这是一枚鱼形玉佩，身上有斜刻出的鳞片。在商周时期，这种鱼形的配饰使用非常广泛，例如在周代的大型墓葬中挖掘出了许多鱼形的配饰。

一根绳穿着一串玉石，这就是甲骨文里的“玉”字。

玉很珍贵，古人视玉为宝。

星期二
TUES

甲辰年・三月初八

04 月

2024・APRIL

16

彩绘雁鱼青铜釭灯·西汉

星期三

WED

甲辰年·三月初九

04月

2024 · APRIL

17

这是一盏有着两千余年历史的青铜灯，采用鸿雁衔鱼的艺术造型，古朴优雅，精致独特。透过逼真生动的外表，还能发现它极具巧思、包含环保理念的内在结构。鱼身及雁颈、体腔都是中空且相通的，雁肚内可以盛水，当灯火在鱼身内点燃，烟雾和废气通过雁颈进入雁体内，经过水的稀释就可以基本消除对室内空气的污染，这真是一款非常先进的无烟、绿色环保灯。鱼肚子里还有可以控制灯盘转动的机关，既能够调节亮度及灯光方向，还可以防风。可以说，这是一件集美貌与实用为一体的“神器”。

“隹（zhuī）”指短尾鸟；“厂”原是指山崖，也表示读音；中间的一竖是异体写法，后误写为“人”。“雁”在古代也表示“赝”，意思是“伪造的，假的”。

星期四

THUR

甲辰年・三月初十

04 月

2024・APRIL

18

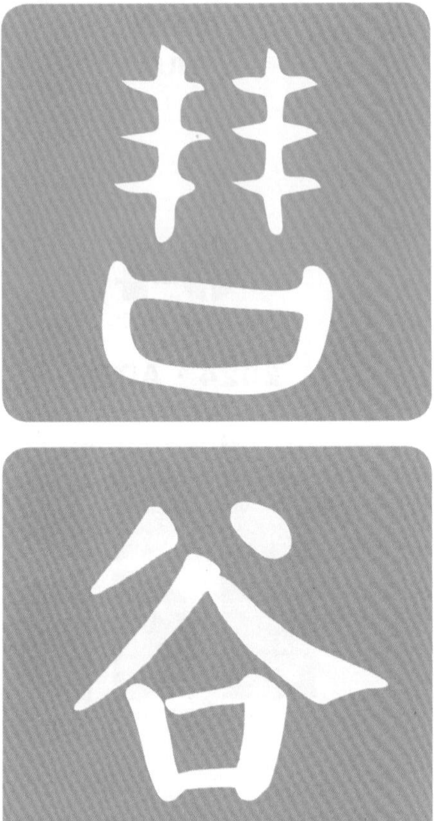

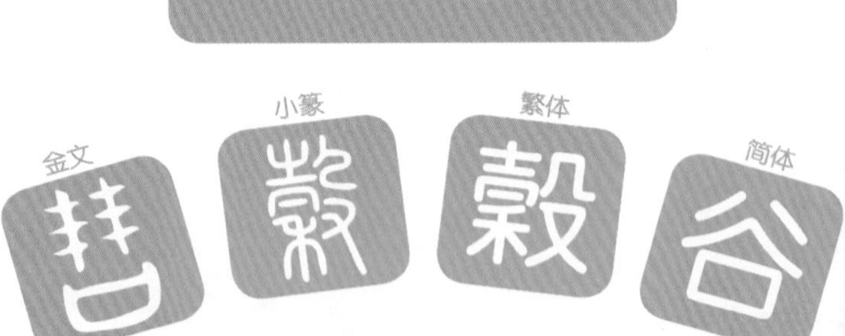

“穀”字中有禾，表示与稻禾相关，字形中剩下的部分，表示手拿工具敲打脱壳的意思。古代的“百穀”，是粮食作物的总称。穀字后简化为“谷”。

星期五

FRI

甲辰年·三月十一·谷雨

04月

2024 · APRIL

19

谷雨是二十四节气中的第六个节气，取自“雨生百谷”的意思。谷雨时节，降雨明显增加，田中的秧苗刚插好，农作物也播种完成，丰沛的雨水会让农作物茁壮生长。

鱼儿也是小信使

家书抵万金，在交通和信息不发达的古代，人们想要联系远方的亲友非常不方便。于是，人们想象着把能够在水中、在天上自由穿梭的动物作为信使，那么所有距离或山阻水隔，都会被突破。

最初，信是写在丝帛上面，叫作“尺素”，然后用雕刻成鱼形的竹片或木片将信件夹在中间，用丝线捆绑，为信件制作了一个结实并有好寓意的信封。所以在古代，信函有“鱼函”“鲤封”的雅称，书信也被叫作“鱼书”。小小的鱼儿能成为信使，还和这样一个传说有关：传说姜子牙在渭水之滨钓得一条鲤鱼，剖开鱼腹，发现内藏一封书信，大意是说他将受封于齐地，后来果然成真。于是有了“鲤鱼传书”的典故。诗人们也把鱼儿信使写进了诗句中，“手携双鲤鱼，目送千里雁”“鱼书欲寄何由达？水远山长处处同”。

鸿雁也同样肩负重任。鸿雁传书的说法，来自苏武被困匈奴属地的故事。传说汉朝使臣苏武出使匈奴被扣留，匈奴向汉朝谎称苏武已死。汉朝使者对匈奴单于喊话：汉皇在上林苑射下一只大雁，雁足上系着苏武的帛书，证明他确实未死。这样，匈奴只得把苏武放回汉朝。从此，“鸿雁传书”的故事便流传开来。

人们把“双鲤尺素”“鸿雁传书”两个典故合并，称为“鱼雁传书”，文学作品中常用这个神奇而浪漫的词语来表达思念之情。

书写和等待，是文字带来的浪漫。

星期六

SAT

甲辰年·三月十二

04月

2024·APRIL

20

双鱼纹青铜镜·宋·金

星期日
SUN

甲辰年·三月十三

04 月

2024 · APRIL

21

这是两宋时期北方金国女真族生活区域内出土的一枚铜镜。女真族临水居住，所以鱼纹是他们非常喜爱的装饰图案。这面铜镜主体是两尾肥美的鲤鱼，双鱼有富足、完美、情爱的美好寓意，而且便于构图，可以使画面饱满匀称。鱼纹在金代是广泛流行且独特的纹饰。

一个人睁大了眼睛朝水盆里看，这就是金文中的“鉴”。

鉴的本义是盛水的大盆，后引申为镜子。

星期一

MON

甲辰年·三月十四

04月

2024 · APRIL

22

甲骨文的“水”，中间蜿蜒的曲线是河道，旁边的小点是溅起来的水花。在汉字中，带有水字旁的字，多与水有关。

星期二

TUES

甲辰年·三月十五

04 月

2024 · APRIL

23

从临水照影到以铜为镜

远古人临水照影，后来人们用青铜鉴盛水照容。直到铜镜诞生，“以铜为镜，可以正衣冠”。铜镜的铸造和使用几乎贯穿了整个中国历史。

从出土文物来看，铜镜传世的数量非常多，我们发现最早的铜镜出现在新石器时代的齐家文化，一直延续到明清时期。铜镜不仅是百姓日常用品，还曾经是丝绸之路上的畅销商品，更是外交礼品。在汉朝，“汉镜”成为风靡亚洲的时尚单品，甚至在境外出现过山寨版“仿汉镜”。

每个朝代都将本朝代的文化融入铜镜的制作，比如战国时的武士斗兽纹铜镜，宋代的双鱼纹铜镜，唐代的嫦娥月宫纹铜镜等，都代表着每个时期的审美走向和大众喜好。人们还将美好的祝愿铸刻在铜镜上。西汉的瑞兽博局纹鎏金铜镜，镜缘一圈铸有五十二字铭文，有“中国大宁，子孙益昌”字样，表达了古人对国家安宁、子孙昌盛的愿望。西汉草叶纹铜镜上，铭文铸有“见日之光，长毋相忘”，大概是西汉青年男女的“爱情誓言”……铜镜还被赋予了可以“观照妖魁原形”的神秘作用，《西游记》中托塔李天王的照妖镜，大约就脱胎于这样的认识。

我们在博物馆中看到的铜镜并不十分鲜亮，那是因为经过岁月的氧化，镜面看起来十分模糊。在古代，铜镜铸造完成后要经过打磨，使镜面光亮，获得一定映照的效果。古代的铜镜虽然不如现在的玻璃镜，却也能将鬓发眉梢照得十分清楚，让爱美的人们能够“当窗理云鬓，对镜帖花黄”。

星期三
WED

甲辰年·三月十六

04月

2024·APRIL

24

五彩鱼藻纹瓷盖罐·明

星期四
THUR

甲辰年·三月十七

04月

2024·APRIL

25

这是明朝嘉靖年间制作的瓷罐，圆圆的罐身，上面绘制了游鱼在荷叶、水藻之间嬉戏的场景。这时已经发明了青花五彩的瓷器烧制技术，使瓷器上绘制的图画呈现更艳丽丰富的颜色。

“盖”的上部是“艸”，草的意思，因此盖的本义是用芦苇或者茅草编织的覆盖物。

星期五

FRI

甲辰年・三月十八

04月

2024・APRIL

26

红彩金鱼纹长方形花盆·清

星期六
SAT

甲辰年·三月十九

04月

2024 · APRIL

27

这是清朝咸丰年间制作的长方形花盆。花盆内壁用松石绿色上釉，外壁白底上绘制了彩绘金鱼，顶部刻画了水波纹，表达鱼在水中游的意思。古人喜欢好彩头，“鱼”与“玉”同音，所以金彩描绘鱼纹代表“金玉满堂”，形容财富众多的意思。

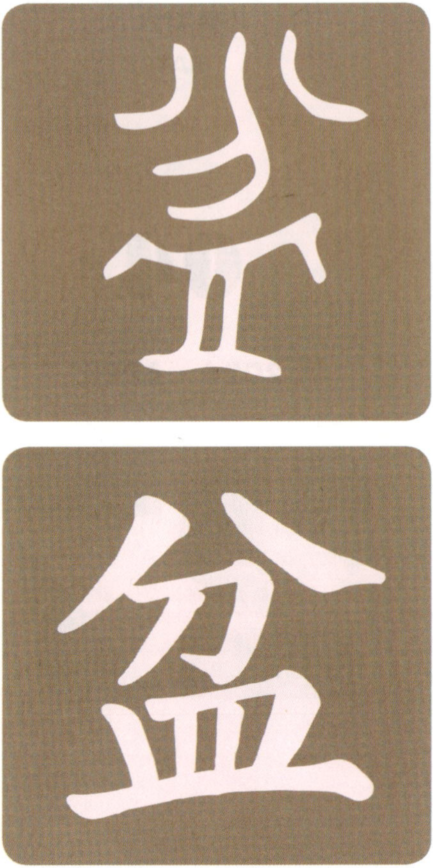

含有“皿”的字，多与器皿有关。在古代，

盛水的器皿大者为鉴，小者为盆。

星期日

SUN

甲辰年·三月二十

04月

2024·APRIL

28

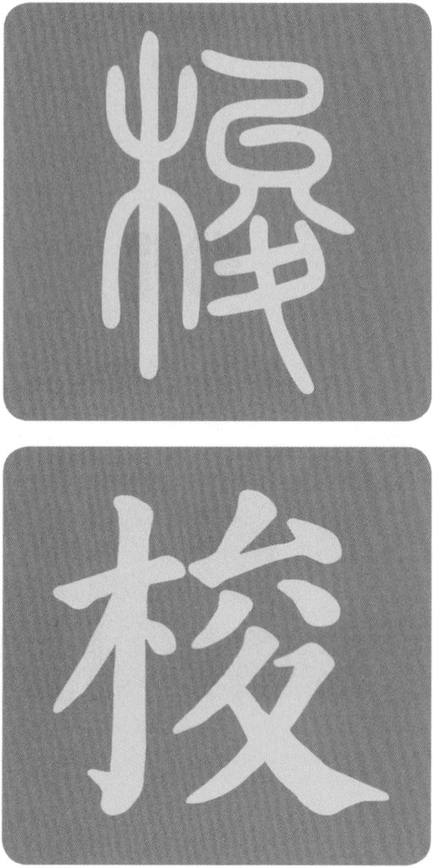

左侧为“木”，表示梭子是用木头制成的，

“梭”的本义就是织布时牵引线的工具。

星期一

MON

甲辰年・三月廿一

04 月

2024・APRIL

29

中国人为什么对鱼情有独钟？

中国地域广博，有丰富的水系，还有很长的海岸线，所以鱼从远古时期，就是古人重要的食物。从出土的甲骨文判断，自殷商时期，我们的祖先就开始在池塘里养鱼了，这样获取鱼肉做食物就更加容易。历史上还有专门记载如何养鱼的书籍，如范蠡的《养鱼经》。那些没有跳过龙门的鲤鱼，还输出到国外，成为世界上养殖最为广泛的淡水鱼。

中国人喜欢吃鱼，各大菜系都有如何将鱼烹调到极致美味的做法。我们还培育出了许多品种的观赏鱼，比如代表“金玉满堂”的金鱼，是从野生的金色鲫鱼培育而来。中国人自古也喜欢钓鱼，而钓鱼已经超越了食用鱼肉的现实功能，人们接棒姜太公钓鱼的写意感觉，认为钓鱼是一项陶冶性情的活动。

鱼与中国人的生活息息相关，对鱼的喜爱，也是从遥远的过去一直流传至今的传统习俗。

星期二

TUES

甲辰年·三月廿二

04月

2024 · APRIL

30

五月

2024

MAY

虎掌

阳陵虎符·秦

星期三
WED

甲辰年·三月廿三·劳动节

05 月

2024 · MAY

01

这是秦始皇调动军队的凭证，以青铜铸成卧虎状，可以一分为二，每半边虎背上均有错金篆书铭文“甲兵之符，右在皇帝，左在阳陵”。这件虎符右半边在秦始皇手中，左半边在秦朝设在阳陵的统兵将领处，若要调动军队，必须将两片虎符合一才能生效。

甲骨文里“虎”就是老虎侧身的样子，有着张大的嘴，锋利的牙齿和脚爪，弯曲的尾巴，身上布满花纹。

星期四

THUR

甲辰年·三月廿四

05 月

2024 · MAY

02

金文

小篆

简体

“符”字上部为“竹”，表示符是用竹等材质制成的调兵遣将的凭证；下部为“付”，表示符需要交付给对方验证。

星期五

FRI

甲辰年・三月廿五

05 月

2024・MAY

03

“合”的上部字形似一个圆锥形的盖子，下部像一个圆形的器皿，表示盖子和器皿相合。

星期六

SAT

甲辰年·三月廿六·青年节

05 月

2024 · MAY

04

夏

一个人向着太阳跪坐着，这就是甲骨文里的“夏”，
表示烈日当空的季节。

星期日
SUN

甲辰年·三月廿七·立夏

05 月

2024 · MAY

05

立夏是二十四节气中的第七个节气。立夏后，日照增加，气温升高，万物进入生长旺季，进入夏季。“立”有建立、开始的意思，所以称为立夏。

『王命传』铜虎节·战国·楚

星期一
MON

甲辰年·三月廿八

05 月

2024 · MAY

06

这是战国时楚国的一枚传令节。节是当时用来调动军队、出入关驿、征收赋税的凭证。这枚铜虎节整体呈虎形，正面刻着“王命命传赁”五个字，大意为：王命令各驿站，凡有人持此节过站，可借予车马及饮食。

甲骨文里的“命”，像在一个大屋顶下，一个人跪坐着，正在向人们发布命令。金文“命”在下部加“口”，进一步强调用口发布命令。

星期二

TUES

甲辰年·三月廿九

05 月

2024 · MAY

07

“节”在最早的古字里，是一个人跪着的形状，人跪则身体弯曲成多节。金文里的“节”加上“竹字头”指竹子的关节，后来简化为“节”。

星期三

WED

甲辰年·四月初一

05 月

2024 · MAY

08

古代调兵遣将，为什么要用虎符？

在中国早期历史上，战乱频繁，几千年历史伴随着众多国家部落的分分合合。历代君王立朝建制颇为不易，不仅需要提防外忧，还要担心内患。

因为很多反叛者都是善于带兵打仗的将领，手握兵权。为了避免部队被私自调用，也为了更好地管理，便需要用一种信物来控制军队，这种信物称为“兵符”。老虎是百兽之王，在捕猎中十分凶猛，人们崇拜虎，所以军事上以虎为尊，将兵符雕刻为虎的形状，因此被称为“虎符”。隋唐时期改用鱼符、龟符，宋代又恢复了使用虎符。

虎符脱胎于“符节”，符节制度大约在新石器时期就已存在，逐渐发展成将刻有特殊符号的竹木作为某种标志或象征，再剖分为二，分存两处，就可以用作信物，作为凭证。

虎符一般不只有一个，是专符专用，一地一个兵符。一个兵符不能同时调动两个地方的军队。调动军队时，国君派使臣持右半边的兵符前往，与地方存留的左半边兵符合验，方可出征，“符合”一词由此而来。后来为了更保险，还需要有皇帝诏书一起佐证才行。

星期四

THUR

甲辰年·四月初二

05 月

2024·MAY

09

虎足器座·战国早期

（俯视图）

星期五

FRI

甲辰年·四月初三

05 月

2024 · MAY

10

这是一件放置器皿的底座，通体作四虎衔盘状，形象生动，四脚是四只立虎造型，虎口衔着圆盘，前爪扶着盘边，后爪站立支撑，尾巴上卷。圆盘外沿为铜环，圆盘中心为镂空八瓣花形，花蕊是四条相互衔咬的龙造型，相对的两条龙造型相同，与相邻的两条龙造型略有不同。

小篆

简体

“坐”是会意字，像两个人对坐的样子，“坐”上加“广”，“广”作形旁表示房屋，合起来表示在房屋内坐的位置，即席位、座位。

星期六

SAT

甲辰年·四月初四

05 月

2024 · MAY

11

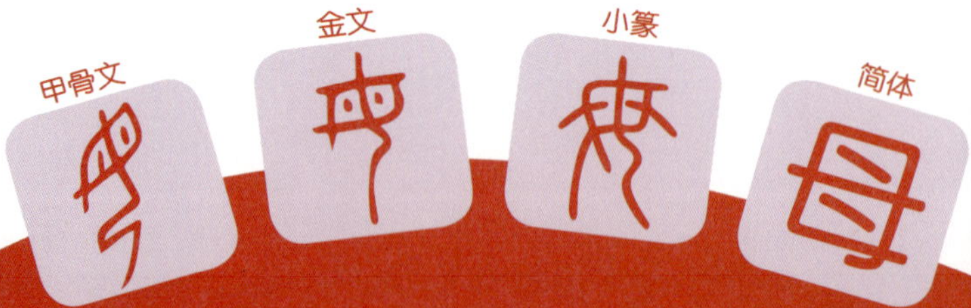

“母”字的甲骨文，像是一个妇女跪坐着，胸前有一对乳房，这是母亲的象征。母本义是“母亲”，后也表示女性的长辈。

星期日
SUN

甲辰年·四月初五·母亲节

05 月

2024 · MAY

12

青铜虎鎣·西周

星期一
MON

甲辰年·四月初六

05 月

2024 · MAY

13

“罃（yíng）”是一种用来盛水的实用器具，与酒器合用可以用来调酒浓淡，与盘合用可以用来盥洗。虎罃的器盖非常精美，盖顶盘踞着一只猛虎，猛虎造型独特：虎头、虎前肢、虎身，但却有龙的尾巴，这样的造型设计实在少见，独具匠心。虎罃的引流管（类似于“壶嘴”）和鋬（zhì，相当于“把手”）也分别装饰卧虎和龙首。这件器具上有多种纹饰，其中壶身上部是夔龙纹，下部斜角云纹，三只器足饰有饕餮纹，具有很好的历史和艺术文化研究价值。

琢磨使其有光泽，就是“鎣”。很多商周时期的盉（hé）形器也称为鎣。不过现在用蓥来代替“鎣”字，鎣多用在专用文物的称谓中。

星期二

TUES

甲辰年·四月初七

05 月

2024 · MAY

14

"猛"字的"犬"旁表示与狗有关，在古人取名排序中，
"孟"（伯）为手足中排行最大者，可引申为勇壮。

星期三

WED

甲辰年·四月初八

05 月

2024 · MAY

15

虎纹石磬·商

星期四
THUR

甲辰年·四月初九

05 月

2024 · MAY

16

磬（qìng）是中国古代先民制造的一种石制打击乐器。石磬在演奏时发出的声音清脆悠扬，被人们称为“会唱歌的石头”。这件虎纹石磬长 84 厘米、宽 42 厘米，很大一片却只有 2.5 厘米厚。石片表面雕刻有一只匍匐身体呈扑食姿势的老虎，怒目圆睁，虎口大张，尖尖的獠牙清晰可见。经测定，这片石磬有 5 个音阶，可以演奏不同的乐曲。虎纹石磬形体硕大，雕刻精美，被誉为“磬中之王”。

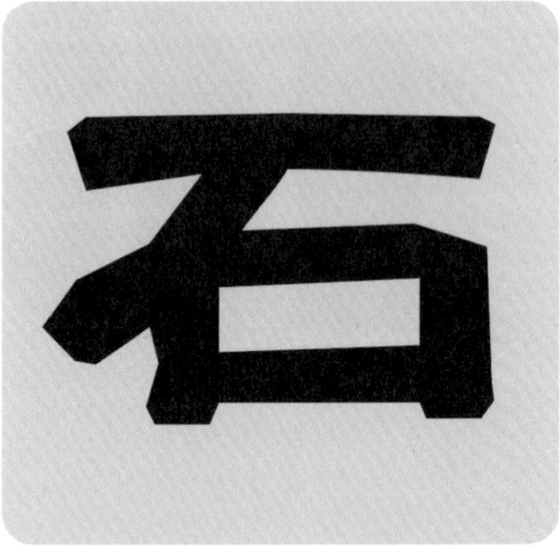

上面是山崖，下面是一块大石头，从山崖上掉下来一块大石头，这就是“石”字。

星期五

FRI

甲辰年・四月初十

05 月

2024・MAY

17

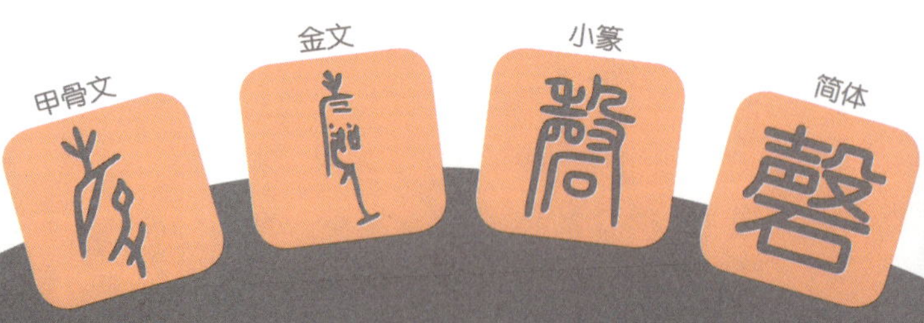

用小锤敲打一个悬挂着的乐器，这就是甲骨文里的“磬”。
小篆里的“磬”加“石”，因这种乐器多为玉石材质。

星期六

SAT

甲辰年·四月十一

05 月

2024 · MAY

18

不是随便什么石头都能“唱歌”

关于磬的起源，最早可以追溯到石器时代，古人发现敲击一些石片能发出清脆悦耳的声音，制造出石磬，慢慢地演化为一种原始乐器。随着时间的推移，磬作为祭祀用器，成为权力和身份的象征，后来又成为一种打击乐器。

不是任何一块石头打磨成薄片，都能击奏出美妙动听的音乐。“磬中之王”虎纹石磬是用一整块灵璧石磨制而成的。灵璧石，产于安徽省灵璧县，与太湖石、昆石、英石并称为中国四大奇石。灵璧石自古就有“灵璧一石天下奇，声如青铜色如玉”的美称。如果对灵璧石轻击，可发出余韵悠长的美妙声音，因此灵璧石自古以来也被视为制作磬的最佳石材。

为什么灵璧石能够发出与众不同的声音呢？据科学分析，并非所有的灵璧石都能敲出音阶，灵璧石中会奏乐的名叫“磬石”。它们之所以能够敲打出清脆的音阶，全依赖于石头本身的密度与众不同。

距今约 4 亿年至 2.3 亿年之前，复杂的地质运动以及火山喷发所产生的高温熔烧，造就了这些质地坚硬、音色纯美的灵璧石。我们的祖先在某一次意外的敲击下，发现了石头的秘密，于是有了从远古传来的悠扬之声。

星期日

SUN

甲辰年·四月十二

05 月

2024·MAY

19

“满”字左边为“水”，表示水满了要溢出来。《说文解字》中说“满，盈溢也”，就是满的本义：充盈、盈满。

星期一
MON

甲辰年·四月十三·小满

05 月

2024 · MAY

20

小满是二十四节气中的第八个节气。民间谚语有“小满小满，江河渐满”的说法，即是说小满时节，降水丰沛。此外，这时也是小麦穗上的麦粒刚刚长至丰满但却尚未成熟的时候，小麦满而不盈、满而不溢，因此称为“小满”。

白玉镂雕巧作山石柞树卧虎摆件·金·元

星期二
TUES

甲辰年·四月十四

05 月

2024 · MAY

21

这是一件白玉摆件，山石之下，卧着一只托着腮的老虎，采用镂雕、巧作技法，利用玉皮本身的黄色来表现老虎与柞（zuò）树，使得整个摆件精美灵动。金元时期有一种独有的装饰玉风格，后被称为秋山玉，主要是利用玉石褐、黄、红等色玉皮来进行雕刻，展现深秋山林野趣，多以山林、虎、鹿、熊为主要图案内容，以山石、灵芝和柞树为辅，表现出人与兽共处于山林之间、相安无事的场景。这件摆件就是秋山玉风格的代表作。

彪

金文中“彪”左边字形像一只张牙舞爪的老虎，右边的“彡”表示纹饰。彪的本义就是老虎身上的斑纹。

星期三
WED

甲辰年·四月十五

05 月

2024 · MAY

22

“唬”字是老虎旁边有个“口”字，本义为老虎的叫声，
后引申为恐吓、吓唬。

星期四

THUR

甲辰年·四月十六

05 月

2024 · MAY

23

造字时，“木”就是“树”，篆文中的“树”是手持树苗栽种的情景，本义为种、植。

星期五

FRI

甲辰年·四月十七

05 月

2024 · MAY

24

玉虎头·新石器时代·石家河文化

星期六

SAT

甲辰年·四月十八

05 月

2024 · MAY

25

这是一件白玉虎头玉佩。虎头呈扁方形，制作时先在平滑的石面上勾出虎脸轮廓，将轮廓以外部分剔凹铲平，再对凸起的虎脸轮廓进行细部线雕或琢磨。两只耳朵像两片叶子，向斜上方伸出。虎鼻梁略微隆起，两侧刻画胡须和双眼，整体刻画抽象简单，但威严不减。

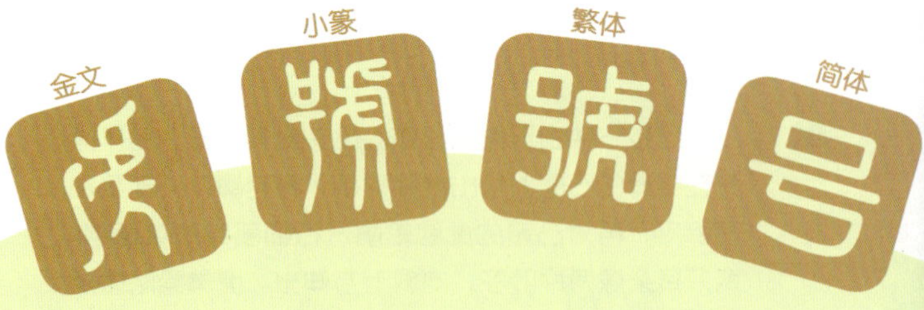

金文中的“号”本义为古人吹奏管、角，向部落发出警讯或集结指令。“號”则表示发出如老虎咆哮般的声音。这两个字在古时经常混用，后合并为一个“号”字。

星期日

SUN

甲辰年·四月十九

05 月

2024 · MAY

26

小篆

简体

物体中间高、周围低的样子，为“凸”，
与“凹”相对。

星期一

MON

甲辰年·四月二十

05 月

2024 · MAY

27

龙虎纹盘·战国·燕

盘内纹样细节

星期二
TUES

甲辰年·四月廿一

05 月

2024 · MAY

28

这是一件高圈足的器皿，两侧有向外曲折的立耳，耳上饰有饕餮纹，饕餮是中国古代神话传说中一种凶恶贪食的野兽。盘内壁刻有三层纹饰，最内是三团盘曲的双龙纹，中间是首尾相连的四龙纹，最外是三对两两相望的虎纹。据说，将水注入盘中时，会出现水波荡漾、龙腾虎跃的情景。

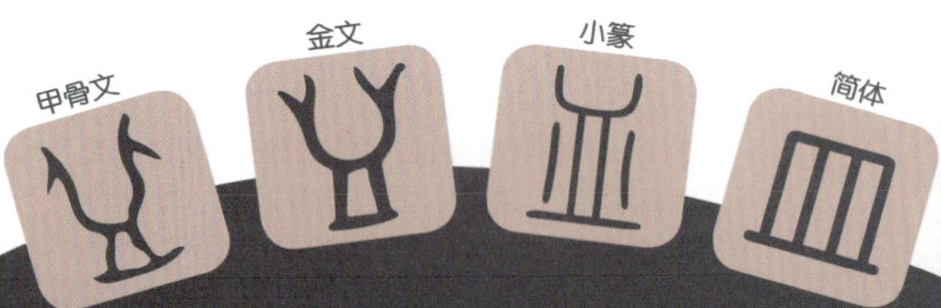

甲骨文里的“皿”就像一个盛放饮食容器的剖面。

皿的本义就是器皿，以皿做偏旁的字一般都与器皿有关。

星期三

WED

甲辰年·四月廿二

05 月

2024 · MAY

29

金文中的“盘”字，上半部是“般”，有回旋的意思，

表示盘子是圆形的；下面为“皿”，所以盘是一种很浅的圆形器皿。

星期四

THUR

甲辰年·四月廿三

05 月

2024 · MAY

30

为何龙和虎总被相提并论?

我们经常能看到一些文物上有龙虎纹，有的是龙虎相斗，有的是龙虎并置，成为一种非常特有的花纹。还有很多与龙虎相关的成语，比如有着凶猛意味的龙潭虎穴、虎踞龙盘，代表着强壮活跃的龙腾虎跃、生龙活虎等。

龙是想象出来的神兽，可虎却是真实存在的动物，为什么它们俩会成为一对组合呢?

古人认为，龙是最高祥瑞，称为“百神之首”，能呼风唤雨，保佑风调雨顺，具有万能的神性，也是美德、祥瑞的象征；虎为百兽之王，因为异常凶猛，有压邪、驱恶的意思。

将龙和虎这两种一虚一实、一天上一地下的形象相结合，成为雄伟强盛的象征，也是人们崇拜并畏惧的对象，代表着古人渴望在四海八荒之内谋求平安、稳定的渴望。经过历朝的传承，龙虎纹成为一种传统纹样，流传至今。

星期五

FRI

甲辰年·四月廿四

05 月

2024 · MAY

31

六月

2024

JUNE

蛇身

儿

“儿”的古文字形与婴儿相似，上部是囟（xìn）门还没有完全闭合的婴儿头，下部为人形。儿的本义为儿童。

星期六

SAT

甲辰年·四月廿五·儿童节

06 月

2024 · JUNE

01

蛇蛙纹青铜尊·春秋晚期

星期日
SUN

甲辰年·四月廿六

06 月

2024·JUNE

02

这是一件特别的酒器，出土于广西，那里曾是古时候的“百越之地”。“百越”是居于今天中国南方的许多族群的总称，那里距离中原较远，使用区别于中原汉语的“古越语”，不同民族曾各自建立政权，语言不通，风俗差异很大，曾经各自建立政权，后在汉武帝时期被征服，成为汉朝的郡县。大部分“古越人”与汉族融合，少部分演变为现在的苗族、侗族、壮族、瑶族等少数民族。器具上浮雕着蛇蛙纹，两蛇一蛙为一组合纹样，我们推测它很可能是春秋时期广西地区一支“百越”氏族的图腾，原始质朴，洋溢着生命力。尊的形制具有中原特色，而纹饰有着岭南地方色彩，表现出中原与南方文化之间的交流和融合。

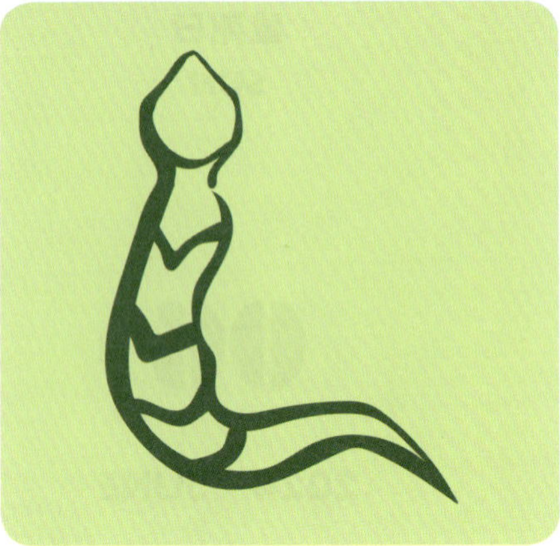

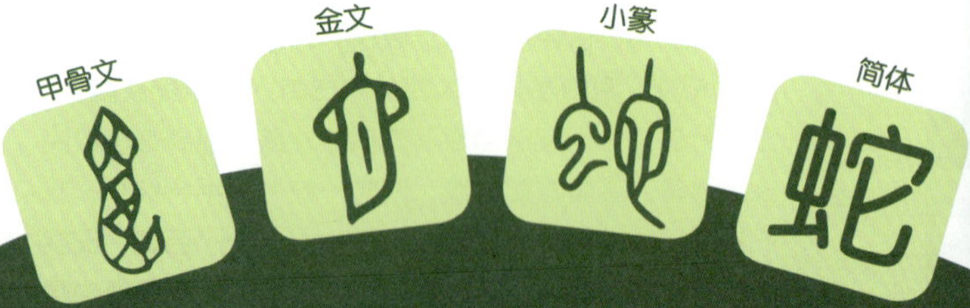

甲骨文中的“蛇”的上方是尖尖的蛇头，
下方是弯曲的蛇身，身上还有花纹。

星期一
MON

甲辰年·四月廿七

06 月

2024 · JUNE

03

甲骨文的“尊”上部是一尊酒器，下部表示人的两只手，组合起来就是一双手捧着一尊酒的样子。

星期二
TUES

甲辰年·四月廿八

06 月

2024 · JUNE

04

战国文

小篆

简体

小篆的“芒”字上部的“屮屮”，本义是草的尖端，
后引申为谷类种子壳上或草木上的细刺。

星期三
WED

甲辰年·四月廿九·芒种

06月

2024·JUNE

05

芒种是二十四节气中的第九个节气。芒种时气温明显升高，雨量增大，适合种植有芒类的晚稻类谷物，再晚一些作物成活率就会逐渐降低了。民间谚语有“芒种不种，再种无用”的说法。

倗舟铜觚·商

星期四
THUR

甲辰年·五月初一

06 月

2024 · JUNE

06

觚（gū）是古时候的饮酒器，也是祭祖敬神的礼器。这只铜觚喇叭口，斜张较大，通体以云雷纹为地，颈部饰蕉叶纹，内饰兽体纹，下部饰一周蛇纹。圈足内部铸有倗（péng）族氏族名称，是商朝晚期重要的氏族之一。

小篆

简体

“觚”是古代一种有棱的盛酒器具，能盛放两升液体。也用来表达棱角的意思，“八觚”就是有八个棱角。

星期五

FRI

甲辰年·五月初二

06 月

2024 · JUNE

07

舟就是小船。船身弯弯的，两头向上翘，中间就是船舱。

先秦时期，人们常用“舟”来称呼船。

星期六

SAT

甲辰年·五月初三

06 月

2024 · JUNE

08

过端午其实很忙的！

每到开始争论甜粽子好吃还是咸粽子好吃的时候，我们就知道端午节到了。端午节是中国的民俗大节，又称端阳节、龙舟节、重午节、重五节、天中节等。每年农历五月初五，民间有吃粽子、赛龙舟、挂菖蒲与艾叶等习俗。

端午节赛龙舟，据说最早起源于对龙的崇拜。我们知道龙在中国人心中是一种呼风唤雨的神兽，当炎炎夏日到来之际，为农作物的生长忧心的人们，希望能够有几场好雨助力谷物丰收。也有说法称，龙舟竞渡是一种上古时期祭祀祖先的活动。那么由糯米做成带馅儿的粽子，也是上古时期祭祀用的重要食物之一。后来传说五月初五古代诗人、政治家屈原投汨罗江自尽，楚国的百姓划船寻找他，并向水中投入粽子，期望鱼类不要啃食他的遗体。于是综合演化成赛龙舟、吃粽子的习俗。

在中国传统节气中，五月称为“毒月”，因为天气回暖后，蛇虫鼠蚁横行，病菌滋生。进入五月后，也有“驱五毒”的说法，比如用菖蒲、艾草等草药消毒环境、制作草药香包驱赶蚊虫，用雄黄酒赶走蛇虫……最后“驱五毒”演化为驱邪避害的意思。有的地区用吃煮熟的大蒜作为“驱毒”的方式；有的地区流行戴上五彩丝线编织的五彩绳驱邪……

端午节融合了各民族不同时期的习俗，汇集成如今的样子，总之是个挺忙的节日！

星期日

SUN

甲辰年·五月初四

06 月

2024 · JUNE

09

五彩张天师驱五毒图盘·明

星期一
MON

甲辰年·五月初五·端午节

06月

2024·JUNE

10

这是明朝万历年间制成的五彩瓷盘，盘心绘制的是张天师驱五毒图。张天师骑异兽挥舞着剑，驱赶蟾蜍、蝎子、蛇、蜈蚣、壁虎五毒，还配以山石、松树、花草装饰。张天师是道教的创始人，本名张道陵，西汉时期人。随着道教的发展，张天师逐渐被神化，被奉为降妖伏魔、驱邪避凶的神明和镇宅的保护神。张天师驱五毒图，成为民间驱邪镇恶的吉祥图饰。另外，驱五毒，也是端午节的习俗之一。

小篆中的“毒”上部为“屮”，

本义为害人的草，后引申指有害的物质。

星期二

TUES

甲辰年·五月初六

06 月

2024 · JUNE

11

伏羲女娲像·唐

星期三

WED

甲辰年·五月初七

06 月

2024 · JUNE

12

这是在新疆吐鲁番出土的一幅《伏羲女娲像》绢画，二人都是人首蛇身，单臂拥抱，蛇身缠绕在一起。在中国古代神话传说中，伏羲女娲是华夏民族的先祖，在《易经》《楚辞》等文献中均有记载。画中伏羲手上拿着方矩，女娲手上拿着圆规，意指为世界树立规范。画面顶部太阳里画着三足乌，古人认为三足乌代表太阳。蛇身下部是一个月亮，月亮里有桂树、捣药的玉兔和蟾蜍。周围圆点仿佛在模仿满天星辰。日月代表阴阳这两种构成世界的基本物质，也涵盖人类社会中男女两种性别。也有传说认为，伏羲女娲是可以沟通生死两界的神明，不仅可以安抚逝者的魂灵，还可以保佑在世的后代。

小篆中的“娲”就是一位女子的形体，表示女性。

娲本义为女娲，化育万物的人。

星期四

THUR

甲辰年・五月初八

06 月

2024・JUNE

13

蛇蛙纹青铜卣・春秋晚期

星期五

FRI

甲辰年·五月初九

06 月

2024 · JUNE

14

卣（yǒu）的盖面微鼓，尖顶方柱抓纽，纽两侧有夔龙式扉棱。器身呈椭圆体，垂鼓腹，提梁与器身用子母扣勾连，提梁两端为冠状龙首，下置圈足。器盖及器身以云雷纹为地，上饰凸起的鼍（tuó）龙纹、蛙纹、蛇纹等动物纹饰。此器铸造风格独特，其造型虽与中原同类器相似，但胎质较薄，纹饰带有强烈的地方特色。

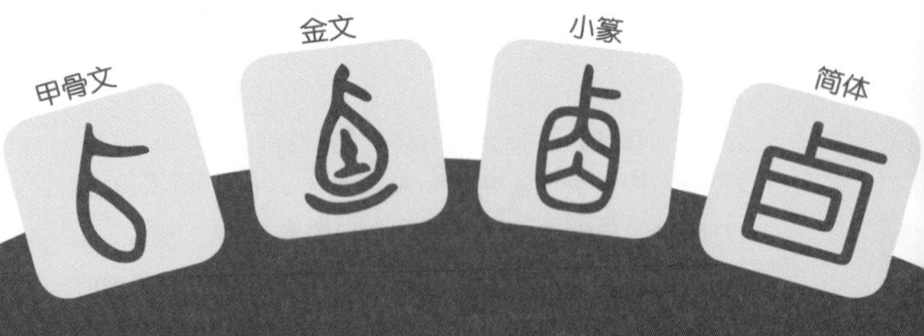

甲骨文中的“卣”像口小腹大的酒具，即卣的本字。

星期六

SAT

甲辰年・五月初十

06 月

2024・JUNE

15

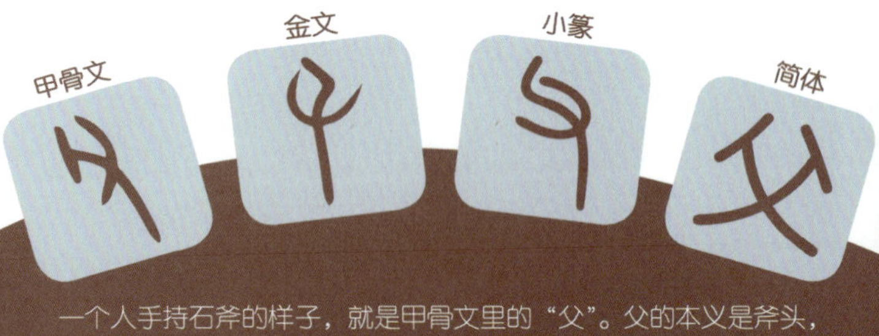

一个人手持石斧的样子，就是甲骨文里的“父”。父的本义是斧头，后来假借表示掌握权力或从事劳动、打猎的男子。

星期日

SUN

甲辰年·五月十一·父亲节

06 月

2024 · JUNE

16

「妇好」青铜鸮尊·商后期

星期一
MON

甲辰年·五月十二

06 月

2024 · JUNE

17

这件猫头鹰造型的酒尊出土于商王武丁的王后妇好的墓中，出土时为一对两只，器身口内壁铸铭文“妇好”。器身整体作站立鸮（xiāo）鸟造型，通体以云雷纹为地，另有蝉纹、饕餮纹、夔龙纹等，极其繁复华丽。仔细看，还有众多鸟兽形象遍布其间，例如两侧翅膀前端盘曲的长蛇，巧妙融合在器身上。鸮指猫头鹰。鸮的两足与下垂尾部构成三个稳定的支撑点，构思奇巧。鸮尊造型精巧，花纹绮丽，令世界瞩目。

小篆

简体

“鸮”是形声字，“号”代表声音，“鸟”字旁代表是一种鸟类，鸮是古代对猫头鹰一类鸟的总称。

星期二
TUES

甲辰年·五月十三

06 月

2024 · JUNE

18

妇

甲骨文的“妇”为“女”手持扫“帚”，洒扫庭院的女人一般是家庭主妇。妇的本义为已婚的女子。

星期三

WED

甲辰年·五月十四

06月

2024 · JUNE

19

铸

双手捧着器物放在火上烤，熔化金属，然后倒入下面的器皿中，就是甲骨文里“铸”的字形。铸的本义就是锻炼、烧造。

星期四

THUR

甲辰年·五月十五

06月

2024 · JUNE

20

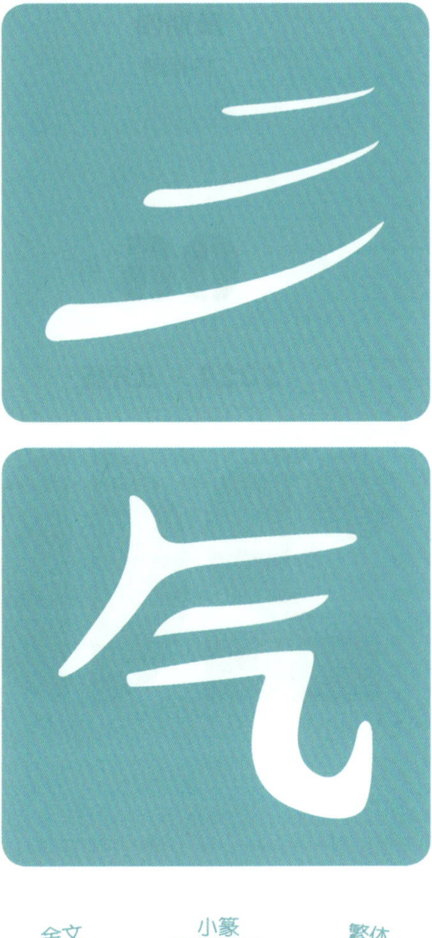

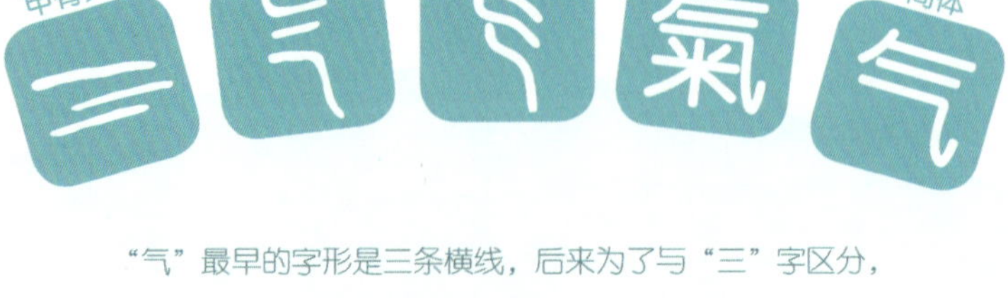

“气”最早的字形是三条横线，后来为了与“三”字区分，
上下两条横线逐渐变得弯曲。气的本义为云气，
引申为气象、节气、气体、气味等。

星期五
FRI

甲辰年·五月十六·夏至

06月

2024·JUNE

21

夏至是二十四节气中的第十个节气。在这一天，太阳直射地面到达了一年中的最北边，北半球各地的白昼时间达到全年最长。夏至是中国古代认为的“阳气”最盛的一天，万物也进入繁茂时期。

早年的王后可是干大事的人！

妇好是商代第 23 位君主武丁的王后。在殷墟妇好墓中，曾出土过数量巨大的青铜器、玉器、象牙器、宝石器等随葬器具，还有历代后妃墓葬中没有的随葬品，包括青铜武器、青铜礼器，以及代表着国之军权、刻有铭文“妇好”的青铜钺（yuè）。出土的甲骨文中有大量的文字显示，这位妇好可不是一般的女子。

王后只需母仪天下？不存在的。妇好不仅能征善战、经常主持各种大型祭祀活动，还将自己的封地也治理得欣欣向荣，可以说是武丁的左膀右臂，是我国有历史记载的最早的女政治家和军事家。

身为军事统帅的妇好有多厉害呢？她先后出征帮助武丁打赢了多次侵扰商朝的野蛮部族，包括北土方、南夷国、南巴方，以及鬼方等 20 多个小国，为商王朝的开疆拓土立下了不朽战功。从甲骨卜辞里可以看出，妇好一直活跃在战场上，并且实力惊人。

妇好除了女将军的身份之外，还是国家的最高祭司，多次受命主持祭天、祭先祖、祭神泉的仪式，掌握着商王朝的祭祀占卜之典。《左传》有言：“国之大事，在祀与戎。”国家最重要的两件事：祭祀与军事，妇好都深度参与，可以说能力极强，地位极高。

妇好并不姓妇，妇是一种亲属称谓，又是一种尊称，在她的封地上，她得到“好”的氏名，故被尊称为“妇好”。妇好去世后，武丁悲痛不已，赐庙号“辛”，青铜器上铭文有“后母辛”或“母辛”字样的，都是指这位光芒四射的女性。

星期六
SAT

甲辰年·五月十七

06 月

2024 · JUNE

22

十二生肖陶俑·唐

星期日

SUN

甲辰年·五月十八

06月

2024·JUNE

23

十二生肖是与十二地支相配以人出生年份的十二种动物，即鼠、牛、虎、兔、龙、蛇、马、羊、猴、鸡、狗、猪，对应的十二地支是子、丑、寅、卯、辰、巳、午、未、申、酉、戌、亥。地支还是中国历法中重要的一部分，与“十天干”按固定的顺序互相配合，以此纪年，比如今年是龙年，农历就叫作甲辰年。这套陶俑制作成兽首人身的样貌，有别于以往的单纯动物形态，显得特别有趣。人身直立，穿着衣袍，两手拱袖放在胸前，动物们突然变得文雅起来。随葬入墓的十二生肖俑，还被寄予守护墓主人、祈求墓室永固的希望。

“肖”字中的“月”是“肉”字的变形。“肉”表示与人有关；“小”代表声音，也兼表细微的意思。肖本义为骨肉相似，引申为相像。

星期一
MON

甲辰年·五月十九

06月

2024 · JUNE

24

小篆

简体

“俑”由“人”“甬”二字组成，

本义为用以殉葬的木偶人或陶偶人。

星期二

TUES

甲辰年·五月二十

06 月

2024 · JUNE

25

你属什么？我知道你多大！

知道一个人的生肖，如何推算他的年龄？这可是一道应用题！

首先设定十二生肖的鼠、牛、虎、兔、龙、蛇、马、羊、猴、鸡、狗、猪，分别代表 1、2、3、4、5、6、7、8、9、10、11、12。

我们设当年生肖为 a 年，某人生肖为 b，最小年龄为 N。

当 $a \geqslant b$ 时，$N=(a-b)+1$

比如，年生肖为龙（5），某人生肖为牛（2），他最小的年龄就是（5-2）+1=4

这个人的年龄可能是 4、16、28、40……在最小年龄基础上加生肖 12 即可。

当 $a<b$ 时，$N=(a-b)+1+12$

比如，年生肖为龙（5），某人生肖为猪（12），他的最小年龄就是（5-12）+1+12=6

这个人的年龄可能是 6、18、30、42……

计算出最小年龄，我们再从外表推测一下某人年龄应该在哪一个区间，就大约可以猜出他的准确岁数啦！

星期三

WED

甲辰年·五月廿一

06 月

2024 · JUNE

26

『滇王之印』金印・西汉

星期四
THUR

甲辰年·五月廿二

06 月

2024 · JUNE

27

这是一枚由金子打造的印纽为蛇形的印章，印面刻着篆书“滇王之印”。在西汉时期，滇国归顺汉朝，成为西汉版图的一部分，汉武帝在那里设立益州郡，并赐滇王此印，表示认可滇王对本地区的继续领导权，以及对西汉的从属身份。

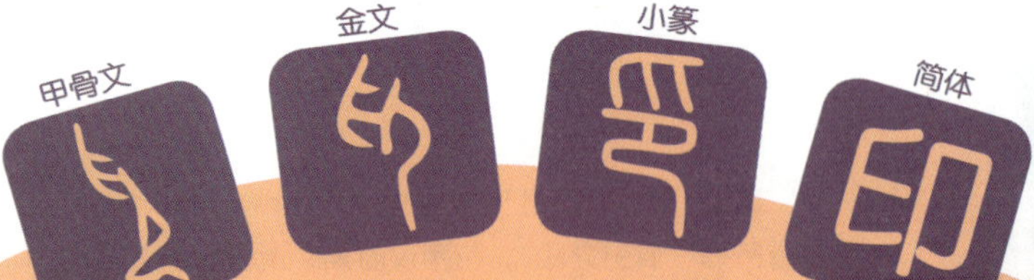

用一只大手压人，使人跪坐，就是甲骨文里的“印”。

古代会在罪犯身上强制烙下印记，后来引申为印章、痕迹的意思。

星期五

FRI

甲辰年·五月廿三

06 月

2024 · JUNE

28

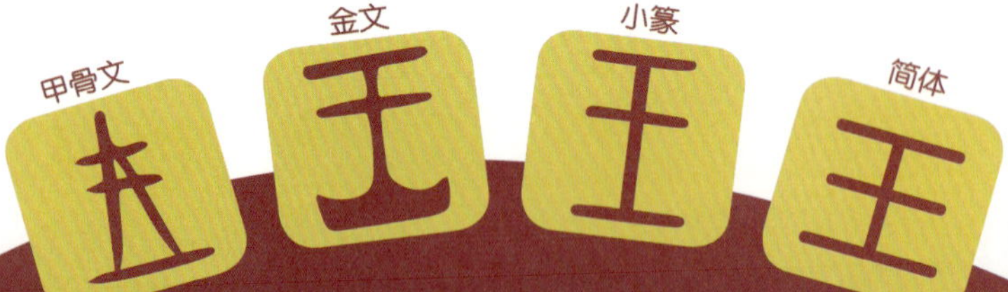

“王”的最早字形为一把大斧，上为斧柄，下为宽刃。
斧是权力的象征，因此古人将最高统治者称为“王”。

星期六

SAT

甲辰年·五月廿四

06 月

2024·JUNE

29

“夜郎自大”？其实自大的另有他人！

西汉时中国西南部有一个夜郎国，面积很小，但有一次夜郎侯却问西汉使者：“汉朝与夜郎哪个更大？”后世便用“夜郎自大”比喻无知而又狂妄自大的人。其实夜郎侯并不是自大的始作俑者，真正自大的源头是滇王。

汉武帝时期，北方常受到匈奴侵扰，于是派遣张骞出使西域。张骞等人一路向西，途经滇国，得到滇王的帮助，但滇王对大汉王朝缺乏了解，认为自己的国家是全天下最大的。一次，滇王对汉朝使者说：“汉朝与滇国相比，哪个疆域更辽阔？”后来，这些使者到了夜郎国，夜郎侯也是这样问。他们在相当于汉朝一个州大小的地方称王，根本不知道汉朝的面积有多大。这就是滇王自大故事的由来。看来，单独由夜郎侯来承担自大的名声确实有点冤枉。

使臣回到朝中，向汉武帝表达了招抚滇国的好处，于是才有了汉武帝赐予滇王的金印。

星期日
SUN

甲辰年·五月廿五

06 月

2024 · JUNE

30

七月

2024

JULY

驼首

陶骆驼·唐

星期一
MON

甲辰年·五月廿六·建党节

07 月

2024 · JULY

01

骆驼被称为“沙漠之舟”，生活在沙漠边缘的人早在公元前 3000 多年前已经开始驯养骆驼了。丝绸之路路途漫长，还要穿过戈壁风沙，行程艰巨，骆驼不仅性格温驯，耐饥渴能力强，还能够负重远行，是古时候丝绸之路上最主要的运输工具。隋唐时期，陶骆驼已成为随葬俑群中不可或缺的类型，也说明了墓主生前对骆驼的重视和喜爱。

驼

简帛文

繁体

駝

简体

驼

“驼”的“马”字旁表示与马有关，造字的本义就是一种与马相似、背部呈拱形的动物。

星期二

TUES

甲辰年·五月廿七

07 月

2024 · JULY

02

金文的“骆”左边有马形，本义是尾巴和鬣毛呈黑色的白马，后与“驼”组合起来特指骆驼。

星期三

WED

甲辰年·五月廿八

07 月

2024 · JULY

03

陶骆驼·北齐

星期四
THUR

甲辰年·五月廿九

07 月

2024·JULY

04

这件陶骆驼身上驮着毡帐和丝绢，是丝绸之路上骆驼的典型形象。驼背上不仅驮载着货物，还承载着商人休息停留所用的移动房屋：毡帐，它便于拆搭，适宜移动，可以挡风避雨。行路时，支撑帐篷的毡架被安放在驼背两边的货物下面；使用时，从驼背上卸下来，放在地上支撑开，在很短的时间里就能搭建起一个临时居所。

小篆的“驮”左边是“马”，右边是“大”，有壮实之意。驮造字本义为形体大而壮实的马善于驮运。

星期五

FRI

甲辰年·五月三十

07 月

2024 · JULY

05

小篆

简体

“日”字头，表示天气炎热是太阳造成的，“者”表示读音，“暑”本义为炎热。

星期六

SAT

甲辰年·六月初一·小暑

07 月

2024 · JULY

06

小暑是二十四节气中的第十一个节气。小暑为小热，还不十分炎热，自小暑开始，进入三伏天，是一年当中气温最高、最潮湿闷热的时段。

意义重大的路——丝绸之路

自汉代开始通商的丝绸之路，沿着西北戈壁的边缘，穿越中亚阿姆河和锡尔河流域诸国，一直到达撒马尔罕、波斯和叙利亚，将地中海沿岸的各大城市与东方联系在一起。古代丝绸之路沿途的国家众多，且常发生战乱，各国铸造的钱币时常变得一文不值。丝绸作为不易损坏又价值不菲的商品，经常可以作为国际货币使用。

丝绸之路很长，跨越区域很大，并不是一条唯一的道路。古代因区域自然地貌的差异，丝绸之路怎么走，可很复杂！比如从长安出发，穿过河西走廊，连接亚非欧的陆上丝绸之路；有从中原地区向北越过长城，穿越西北蒙古高原，直达地中海北陆的欧洲地区的草原丝绸之路；还有西南陆地丝绸之路：蜀身毒道，是从中国西南经缅甸通往印度的道路；有高原丝绸之路：唐蕃古道，由内地经西藏、尼泊尔至印度的通道。当然，还有“海上丝绸之路”。总而言之，怎么看怎么难走！

最初这条路可没有名字，还有一些路段被称为“麝香之路”“玉石之路”。晚清时期，有个德国地质学家李希霍芬来中国考察，在1877—1912 年写了一本书叫《中国》，在书中第一次提出了“丝绸之路”的名称，后来这一概念被学术界广泛接受，沿用至今。

星期日

SUN

甲辰年·六月初二

07 月

2024 · JULY

07

西域回疆图册（之一）·清

星期一

MON

甲辰年·六月初三

07 月

2024 · JULY

08

西域是西汉以后玉门关以西地区的总称。这本图册描绘新疆南北少数民族的社会生活情况。图册中的“厄鲁特”，是清代对西部蒙古各部的总称，共分四部：杜尔伯特、准噶尔、土尔扈特和硕特。他们生息于匝盆河流域和准噶尔盆地，经营牧业，并有部分农业。这幅图描绘了土尔扈特游牧行径，可以看出骆驼是他们的主要载货工具。

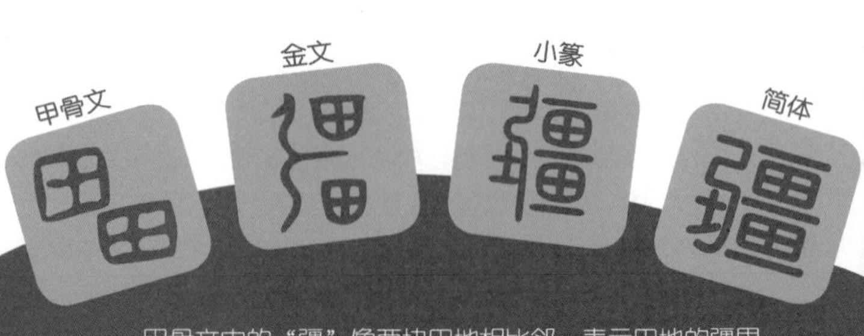

甲骨文中的“疆”像两块田地相比邻，表示田地的疆界；金文中的“疆”左边增加了一把丈量尺寸的弓。疆本义为划分疆界。

星期二

TUES

甲辰年·六月初四

07 月

2024 · JULY

09

沙漠里没有水，为什么字里还有“三点水”？

汉字里有很多字是形声字，由形旁与声旁组合起来表达一个意思。以水为偏旁的字都与水有关，可是唯独“沙漠”二字很特别，最缺水的地方，为什么以水字做偏旁？

我们可能要从“小”字说起。“小”字的甲骨文和金文像三颗小小的沙粒，后来沙粒的意思没有了，就变成微小的意思。“少”字，是在小字的下方加了一点，表达不多的意思。在“少”的旁边加上水，表示沙子与水的关系，《说文解字》里说，沙是水里的散石，水少就能看见沙了，所以“沙”字就有了三点水旁。

“莫”字，甲骨文是木围绕着日，表示日光隐没在树林里。在莫字边加上水，借用了隐没之意，表示水在流沙中隐没的意思。

水少而见沙，所以沙没有水，却用水字作偏旁，表达少水的意思。水隐没于沙石之地，所以漠没有水，却用水字作偏旁，表示这里缺水。

星期三

WED

甲辰年·六月初五

07 月

2024 · JULY

10

三彩骑卧驼陶俑·唐

星期四

THUR

甲辰年·六月初六

07 月

2024 · JULY

11

这是一尊高岭土制成的三彩陶俑。人俑戴着歪尖小胡帽，突目红唇，应是当时的西域人。他跨坐在骆驼两驼峰之间，一手抓握着缰绳，另一手举鞭扬起。骆驼四肢蜷卧，头高高扬起，有正准备站起来的动感姿态。

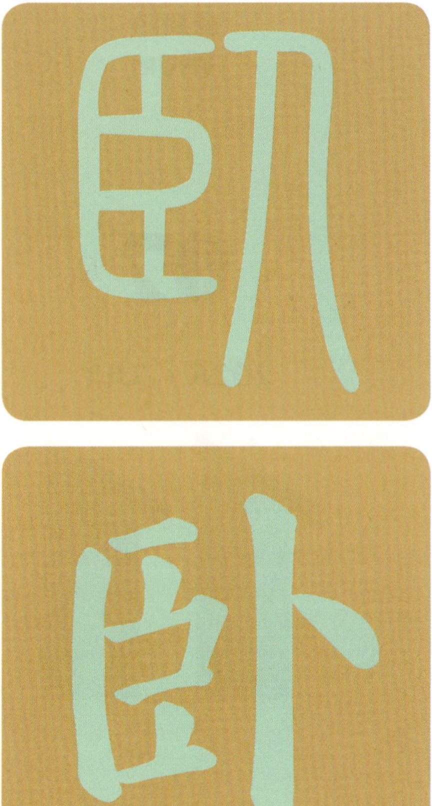

小篆　　简体

人是醒着还是睡着，眼睛的变化是最明显的。所以“卧”字左边是“臣”，竖立的目形表示虚闭着眼睛的样子，右边是“人”的变形。卧的本义是睡觉或闭目休息。

星期五

FRI

甲辰年·六月初七

07 月

2024 · JULY

12

通惠河漕运图卷（局部）·清

星期六

SAT

甲辰年·六月初八

07 月

2024 · JULY

13

这幅图卷描绘清代康熙年间通惠河漕运的情况。漕运是指古代利用水道将粮草运至京城。通惠河又称大都运粮河、大通河，是开凿的从大都（今北京）至通州的运河，用以将粮草直接运输至京城内。后来因为河道被宫墙占据，船只能到达城东南的大通桥。为适应水源减少的现象，闸坝不再在枯水期放开，而是配合漕运时间关闭闸门，粮食由人力搬运到闸上游停泊的船只中，我们能在这幅图中清晰地看到闸坝内满载粮食的船只。

贸

“贸”的下部“贝”在古代曾作为货币，表示钱财；上部“卯”表音。贸本义为交换财物。

星期日

SUN

甲辰年·六月初九

07 月

2024 · JULY

14

胡人、胡乐、胡萝卜……为什么都姓“胡”？

胡，本是匈奴人的自称，不过中国古代称北边或西域的民族为胡人，就像我们今天会泛称其他国家的人为“外国人”一样。

在张骞出使西域，打通了中西交流的要道之后，中原地区与中亚、东亚及欧洲的通商交流中，中原地区将许多特有产品出口到西方，也从西方引进了许多产品。如今我们餐桌上常吃的蔬菜瓜果，很多都来自外国。比如，胡萝卜原产亚洲西南部；胡瓜，就是今天的黄瓜，原产自印度；胡豆，也就是现在的蚕豆，原产自地中海地区……当时，人们在来自西域的物品名字里加上“胡”字，标记它们的外来属性。

随着通商贸易的进行，文化的交流也更为频繁。琵琶等乐器传入中原，胡乐就是当时的外国音乐风格。唐朝百戏之中的许多杂耍，也都来自胡人。后来，这些外传来的事物和文化逐渐本土化，成为中原地区百姓日常生活的一部分。

所以，那些从丝绸之路引进中原的相关事物，大都姓“胡”。

星期一
MON

甲辰年·六月初十

07 月

2024 · JULY

15

三彩釉陶载乐骆驼·唐

星期二

TUES

甲辰年·六月十一

07 月

2024 · JULY

16

这件三彩釉陶载乐骆驼，釉色艳丽润泽，是一件闻名海内外的国宝。昂首站立的巨大骆驼驮着 5 位男子，有汉人，有西域人。中间一人正站立跳舞，另外四人环绕舞者而坐，演奏不同的乐器，可以说是史上最早的跨国乐队。陶俑虽然夸大了骆驼的体形，但如实表现了唐朝百戏中的一个杂技节目。骆驼高 2 米左右，可驮载重达 250 千克左右的货物，但这么多人站在骆驼身上表演，还是需要一头训练有素的骆驼才行。汉人与胡人同歌共舞，展现了唐朝开放繁荣的气象。

甲骨文里的“乐”就像琴弦附着在木头上，

就是古琴的样子。

星期三

WED

甲辰年·六月十二

07 月

2024 · JULY

17

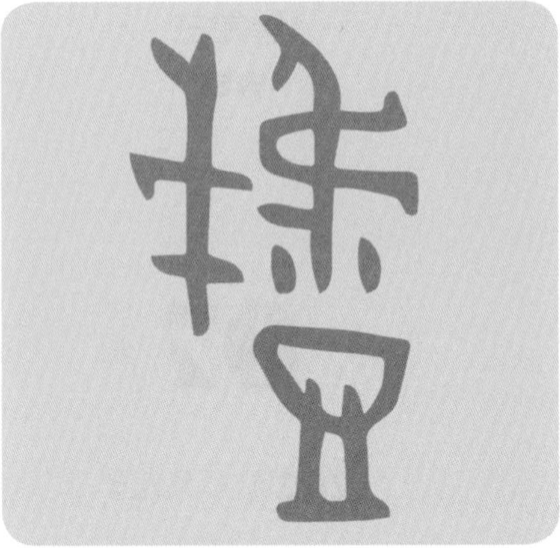

金文里的“戏”下边是食器“豆”，上有一虎头和戈形，表示在祭祀或进餐时有人头戴虎头面具，手持戈舞蹈。戏本义为古代宫中的娱乐表演。

星期四
THUR

甲辰年·六月十三

07 月

2024 · JULY

18

西域人骑驼陶俑·唐

星期五

FRI

甲辰年·六月十四

07 月

2024 · JULY

19

这件陶俑生动再现了唐朝西域商人骑骆驼奔波在丝绸之路上的形象。唐代的丝绸之路连接中国和中亚、西亚乃至欧洲诸国，来往商人有许多波斯人、阿拉伯人。这位西域商人深目浓眉，高鼻，留着络腮胡，穿着皮草，腰间系着香囊，正在赶着骆驼前行。

金文中的“域”左边似城池，右边持戈以守卫。

域本义为疆域。

星期六
SAT

甲辰年·六月十五

07 月

2024 · JULY

20

唐代百戏有多好看？

唐代百戏在民间很活跃，是自西汉以来通过丝绸之路从西域传过来的。它不仅仅是音乐，还有民间歌舞杂乐、杂技、幻术、武术和杂戏等项目。

当时在长安城有不少专门的百戏班子，不仅自主表演，还可以被雇佣演出。据说唐玄宗曾“召两市杂戏以娱贵妃”，说明百戏在朝野内外都很受欢迎。

百戏的节目多种多样，表演惊险刺激，比如文物“三彩釉陶载乐骆驼”表现的便是集杂技、马戏、乐舞于一体的节目，5 位艺人要在没有围栏的驼背上载歌载舞，是高难度技艺，应是唐朝很受欢迎的节目之一。

唐代高空平衡技巧的表演水平很高，相传幽州有一个名叫石火胡的女子能稳稳地站在十层叠放的彩绘坐床上，还能自由行走，如履平地，成为备受瞩目的百戏大明星；唐代的驯兽水平也很厉害，披挂华丽的马匹会和着音乐的节拍摇头摆尾，表演衔杯祝寿，甚至还有舞象、舞犀这种大型动物的演出。

现在留下记载的百戏有橦（tóng）木、盘杯、跳剑、吞剑、缘竿、猕猴缘竿、弄碗珠，等等，可以说是现代杂技的鼻祖。

星期日
SUN

甲辰年·六月十六

07 月

2024 · JULY

21

甲骨文的“热”字是一个人手持火把，看起来就很热。

热的本义是温度高。

星期一
MON

甲辰年·六月十七·大暑

07 月

2024 · JULY

22

大暑是二十四节气中的第十二个节气。大暑就是极度炎热的意思，是一年当中阳光最盛、气温最高的时段。

《皇都积胜图》卷（局部）·明

星期二

TUES

甲辰年·六月十八

07 月

2024 · JULY

23

这是一幅反映明代中后期京城商业繁荣的历史画卷。画面从卢沟桥经广宁门（今广安门）进入北京城区，又经正阳门、棋盘街、大明门、承天门（今天安门）、皇宫等街市，向北延伸至居庸关。画面着重描绘市区商业街道面貌，街道上车马行人熙熙攘攘，茶楼酒肆店铺林立，招幌牌匾随处可见，马戏、小唱集聚起无数看客，金店银铺人如潮涌……可谓热闹非凡。

京

甲骨文“京”形似高大的城。京的本义为高冈，因古人多在高地上建起国都，后来京常作“国都”之意。

星期三

WED

甲辰年・六月十九

07 月

2024・JULY

24

“高”字形像高楼，表示上下距离远，

与“低”相对。

星期四

THUR

甲辰年·六月二十

07 月

2024 · JULY

25

甲骨文的“门”字形为两扇门，门为建筑物的入口。

门字旁的字大多与门有关。

星期五

FRI

甲辰年·六月廿一

07 月

2024 · JULY

26

“啬”有节俭收藏的意思。垒土为墙，意在收藏。

墙的本义是房屋或园场周围的障壁。

星期六
SAT

甲辰年·六月廿二

07 月

2024 · JULY

27

『汉匈奴归义亲汉长』青铜印·东汉

星期日

SUN

甲辰年·六月廿三

07 月

2024 · JULY

28

此印为驼纽，印面篆文刻有“汉匈奴归义亲汉长”八字，是东汉中央政府赠给匈奴族首领的官印。印文形式承自汉宣帝以来传统，在赠给少数民族首领的官印之首，写“汉”字，下为民族名，并在民族名的前后加上“归义”等封号，又常以骆驼印纽作为这种印的基本纽式。

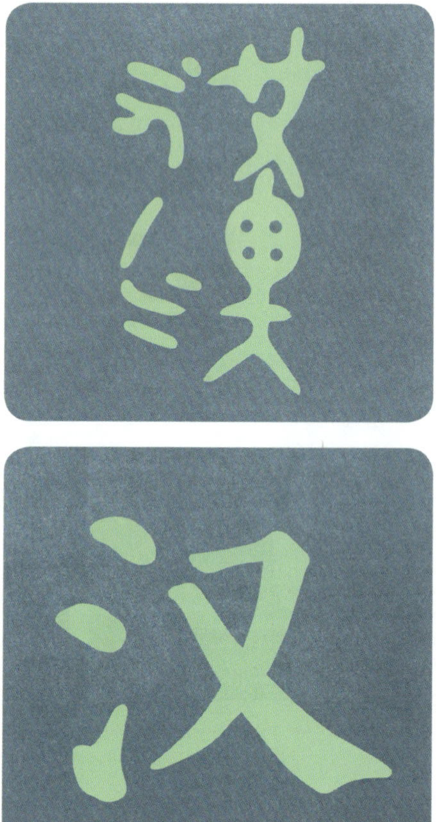

“汉”为水字旁，本义就是水名，即汉水。

星期一

MON

甲辰年·六月廿四

07 月

2024 · JULY

29

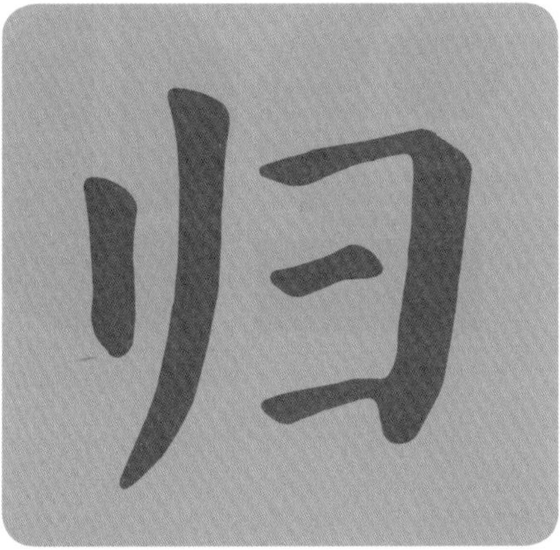

甲骨文中的“归”左边的“𠂤”是“堆”的本字；“帚”是妇的象征。小篆的“归”在“𠂤”形下加了“止”，有停止的意思。归的本义为女子出嫁，后引申为返回、归还。

星期二

TUES

甲辰年·六月廿五

07 月

2024 · JULY

30

义

长柄木杆上挂着一个羊头，中间还插着武器，气势威严，这就是甲骨文里的“义”。义的本义为威仪，是一种古代礼仪的象征。

星期三

WED

甲辰年·六月廿六

07 月

2024 · JULY

31

八月

2024

AUGUST

狮鼻

玉狮·宋

星期四
THUR

甲辰年·六月廿七·建军节

08 月

2024 · AUGUST

01

这是一件狮型玉器，狮子是俯卧姿态，圆睁着眼睛，尾巴甩在身体右侧，左侧雕刻着一个绣球。狮子滚绣球的题材来自汉代的民间舞狮，现在依然很流行。民间还有“狮子滚绣球，好运在后头”的说法。狮子开始并不是我国本土的动物，传入我国后受到了人们的喜爱。

獅

狮

繁体

獅

简体

狮

“狮”字左边的“犬”字旁表意，表示狮子是哺乳类野兽；右边“师”表音，古时称“狮子”为“师子”。

星期五

FRI

甲辰年・六月廿八

08 月

2024・AUGUST

02

守大门的石狮子，为什么跟真狮子长得不一样？

你一定见过一些大门前威风凛凛的石狮子，你有没有发现，有些石狮子跟真狮子长得不太一样？

据记载，东汉时期，西域的月氏国和安息国曾向我国进贡狮子。东汉皇帝很喜爱这种威风勇猛的野兽，把它们圈养在皇家御苑中，以供皇帝和宫人观赏。

民间百姓听说有这样一种凶猛无比的野兽，如果能用来保家护院，真是让人安全感十足。可是百姓们没有见过真正的狮子，只好凭借自己的想象，以及书中的记载，创造出了石狮子，放在大门口。每个朝代、每个地方制作出的石狮子形象都不尽相同。

有没有发现，有的石狮子没有飘逸的鬃毛，而是长了一头“卷发”？据说，这是因为狮子是从西域而来，人们根据自己看到的胡人的卷发，认为西域的狮子的鬃毛也是卷卷的。后来，石狮子的头发卷还用以区分地位，地位越高，头发卷数量就越多。

不过，还有一种说法认为，石狮子的造型来源于传说中的神兽狻猊（suān ní）。狻猊是龙子之一，喜欢静静坐着，喜欢烟火，所以经常能在佛堂香炉上看见它。后来狮子与狻猊的形象逐渐难以区分。

自古以来，人们把想象付诸创造，才产生了那么多有趣的故事和神秘的传说。

星期六

SAT

甲辰年·六月廿九

08 月

2024 · AUGUST

03

狮纹阳燧·唐

星期日
SUN

甲辰年·七月初一

08 月

2024 · AUGUST

04

阳燧（suì）是古代借用日光取火使用的物件。这枚阳燧通体黝黑，正面中心凹陷。外围四边各雕刻一头雄狮，昂首张口，长尾上翘做奔驰状。狮纹空隙处饰五瓣花朵。四角各有一圆纽，可以穿绳系挂。取火时用阳燧光滑的凹面将太阳的光线反射，聚成一个焦点，进而产生高热，引燃艾草等易燃物。

火在燃烧的样子，就是“火”字。

星期一

MON

甲辰年·七月初二

08 月

2024 · AUGUST

05

小篆

简体

“火”表意，表示形像火，“遂”表音，
“燧”的本义是古代取火的器具。燧也指古代
边防报警的信号，白天放烟告警叫“烽”，夜间举火告警叫“燧”。

星期二
TUES

甲辰年·七月初三

08 月

2024 · AUGUST

06

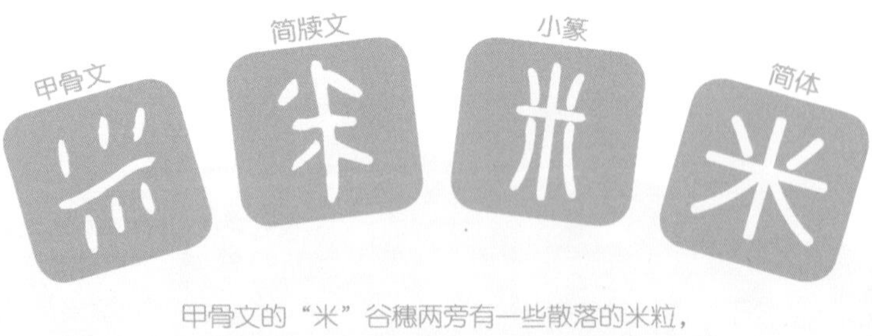

甲骨文的“米”谷穗两旁有一些散落的米粒，中间的一横是穗梗，就是米。古人所称的“米”实为“粟”，即小米；今天的“米”指“稻”，即大米。

星期三

WED

甲辰年·七月初四·立秋

08 月

2024 · AUGUST

07

立秋是二十四节气中的第十三个节气。秋天即将开始，天气还很炎热，万物将从繁茂生长进入成熟期，《说文解字》里说："秋，禾谷熟也。"所以秋天是收获的季节。

青瓷狮形水注·三国·吴

星期四
THUR

甲辰年·七月初五

08 月

2024 · AUGUST

08

古人认为狮子形象威严勇武，有神奇的能力，可以辟邪御凶。这件水注釉色灰绿，狮形威猛，是当时青瓷中的精品。

甲骨文里的“注”就像将一个器皿里的液体注入另一个器皿之中。

星期五

FRI

甲辰年·七月初六

08 月

2024·AUGUST

09

甲骨文里的“夕”为半月形，有时与“月”混用。
月初生则暮色现，故为“夕”。

星期六

SAT

甲辰年·七月初七·七夕节

08 月

2024 · AUGUST

10

传说在七月初七这一天的晚上，被银河分隔的牛郎和织女会在鹊桥上相会，于是，七夕节便成了一个象征爱情的节日。七夕节这天，女子们会穿针乞巧，祈盼自己像织女一样心灵手巧。孩子们坐在葡萄架下，据说能听到牛郎跟织女说着悄悄话呢！

青花双狮戏球纹鼓式坐墩·明

星期日
SUN

甲辰年·七月初八

08 月

2024 · AUGUST

11

坐墩，是一种无靠背的小型坐具。考究者会在墩面覆盖一方丝绣织物，故而也被称为“绣墩”。其造型酷似古代鼓的形状，因而又名鼓墩。这件坐墩墩面中心镂雕素胎牡丹纹。青花纹饰可分为三层，器身上层绘龟背绵纹，中部绘双狮戏球纹，下层绘福山寿海纹。青花色泽浅淡泛灰，纹饰生动活泼，镂雕与彩绘装饰技法相结合，相得益彰。

甲骨文的“鼓”字形中，左边为鼓形，右边为手持鼓槌，表现出古人击鼓时的场景。

星期一
MON

甲辰年·七月初九

08 月

2024 · AUGUST

12

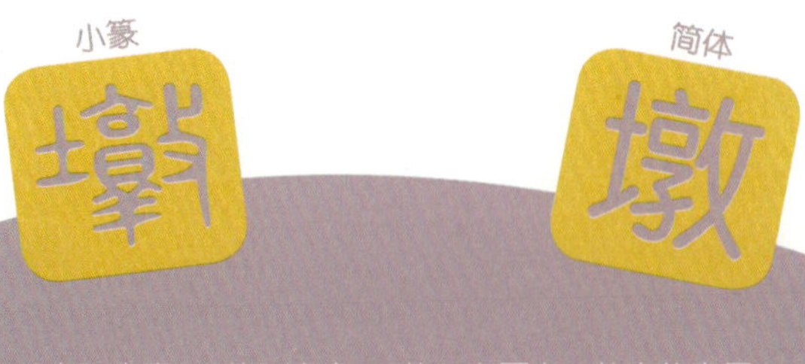

“土”表意，“敦”表音。“敦”有厚实、敦实的意思。
地上有堆土，很厚实，就是“墩”。

星期二

TUES

甲辰年·七月初十

08 月

2024 · AUGUST

13

青花狮子戏球纹梅瓶·明

星期三
WED

甲辰年·七月十一

08 月

2024 · AUGUST

14

这件瓷瓶上有三头狮子正奔跑着追逐绣球，形象生动，神态威猛，挺拔厚重的瓶体造型、色泽浓艳的青花，以及洒脱遒劲的纹饰，展现了明代青花瓷的艺术风采。

小篆

简体

小篆的“球”左边的“王”是“玉”的古字，表示材质；“求”表示声音，模拟敲击玉器的声音。球的本义是美玉，后引申为圆形的物品。

星期四
THUR

甲辰年·七月十二

08 月

2024 · AUGUST

15

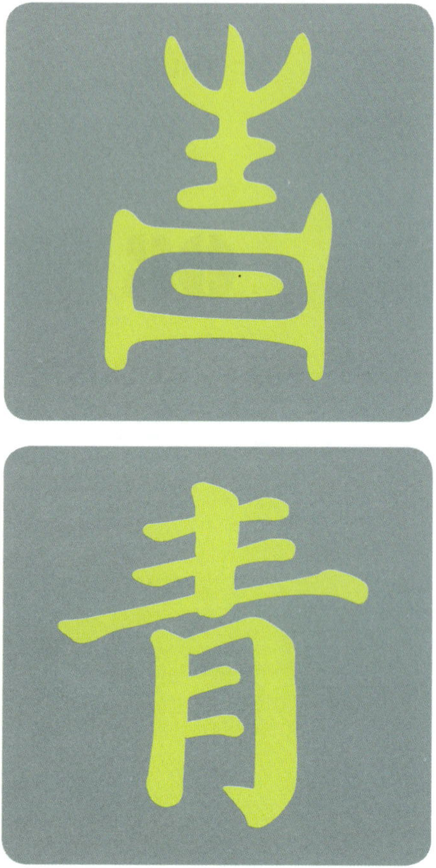

金文的“青”上边为“生”字；下边为“丹”字，有人说“丹”是“井”字的变形，指代从矿中开采的有颜色的矿石；上下两部分组合起来是指草刚长出来的颜色。后来，“青”指蓝色中的一种。

甲辰年·七月十三

星期五

FRI

08 月

2024 · AUGUST

16

咚咚锵，舞狮子！

舞狮作为一项受欢迎的民间活动流传至今，已经有一千多年的历史，是民间喜闻乐见的节庆活动。

据记载，舞狮最早出现在魏晋南北朝时期，《洛阳伽蓝记》记载了法会行列中的舞狮，人们戴着面具，穿着兽皮假扮为狮子，借狮子的凶猛威风，达到镇邪驱魔的目的。

因皇室对狮子的推崇，到唐朝时，宫廷中出现了作为表演的舞狮节目，最著名的就是“五方狮子舞”。舞蹈以四人一组，分居东、南、西、北、中五方，狮子则是青、赤、白、黑、黄五种颜色，黄色狮子代表皇权，站在中央。每头狮子前面有四名身穿彩衣的舞狮郎，手拿红色帕巾逗引，而狮子则根据舞狮郎的逗引，表演各种舞蹈姿势，场面宏大，气氛热闹。

舞狮在全国范围内流行，大致可以分为南狮和北狮。南狮以广东醒狮为代表，造型以神似为主要特征，带着南派武术套路做表演；北狮以河北双狮和北京太狮为代表，更重形似，杂技色彩比较浓厚。

狮子被古人视为瑞兽，热闹喜庆的舞狮逐渐成为我国代表性的瑞兽舞之一，在很多节日、喜庆场合，我们都能看到精彩的舞狮表演。

星期六

SAT

甲辰年·七月十四

08 月

2024 · AUGUST

17

鬼

甲骨文中的“鬼”下部为人形，上部为一个怪异的大脑袋，

鬼是人们想象出来的似人非人的怪物。

星期日

SUN

甲辰年·七月十五·中元节

08 月

2024·AUGUST

18

据《礼记》记载，农历七月十五是祭祀土地神的日子。后来，受佛教影响，这一天成为中元节。民间也称中元节为“鬼节”，令这个节日多了些恐怖气氛。在中元节这天，人们祭祀逝去的亲人，寄托哀思。

狮纹金花银盘·唐

星期一
MON

甲辰年·七月十六

08 月

2024 · AUGUST

19

金花银盘指的是装饰有镏金花纹的银盘。这件狮纹银盘下有三足支撑，盘中有狮子纹，盘边排布着松散的花纹，正是盛唐时期金花银盘所具有的特征。隋唐时期由于丝绸之路安宁，西域国家向唐代皇家进贡的狮子多了起来。随着频繁的对外交往，工匠们融会贯通，将外来纹样与传统纹样融为一体，使金银器装饰纹样、器型及制作工艺在唐代达到了前所未有的高度。这件狮纹金花银盘正是这个时期的产物。

因驻军多在小山上，故“𠂤”（小土山）为“师”。

金文的“师”右边加上包围的意思，四下里都是小土山，表示众多。

师的本义是军队。

星期二

TUES

甲辰年·七月十七

08 月

2024 · AUGUST

20

犬

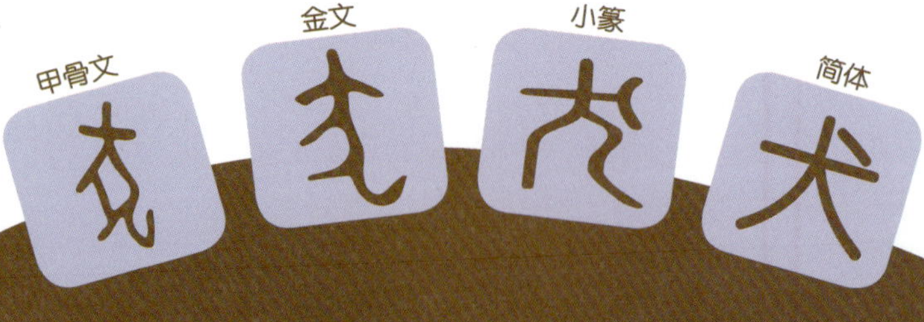

“犬”的古文字形就是一只卷着尾巴的狗。

星期三

WED

甲辰年·七月十八

08 月

2024 · AUGUST

21

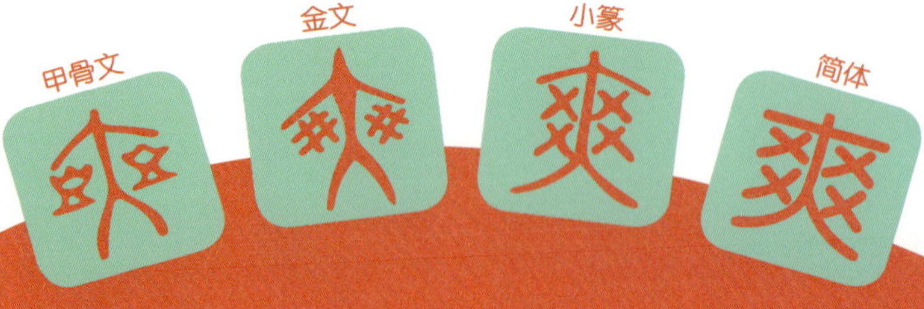

一个直立的人，左右有火或灯，就是甲骨文里的“爽”。

爽的本义为明亮。

星期四

THUR

甲辰年·七月十九·处暑

08 月

2024 · AUGUST

22

处暑是二十四节气中的第十四个节气，连同小暑、大暑一起被称为“三暑”。处暑是最后一“暑”，“处”有止息的意思，代表酷热的天气即将结束，凉爽的季节即将到来。

白玉浮雕胡人戏狮纹带銙·元

星期五

FRI

甲辰年·七月二十

08 月

2024 · AUGUST

23

带銙（kuǎ），就是腰带上的装饰物。宋代以来，玉带銙不常见，它等级最高，仅皇帝及三品以上大臣才可佩戴。胡人戏狮纹带銙也称“狮蛮带”。白玉上胡人高鼻深目、头戴高帽、身着异域服装，狮子或卧或跃，富有情趣。玉质优良，雕工精湛，具有元代工艺特征和风格，为传世元代玉带銙中的精细之作。

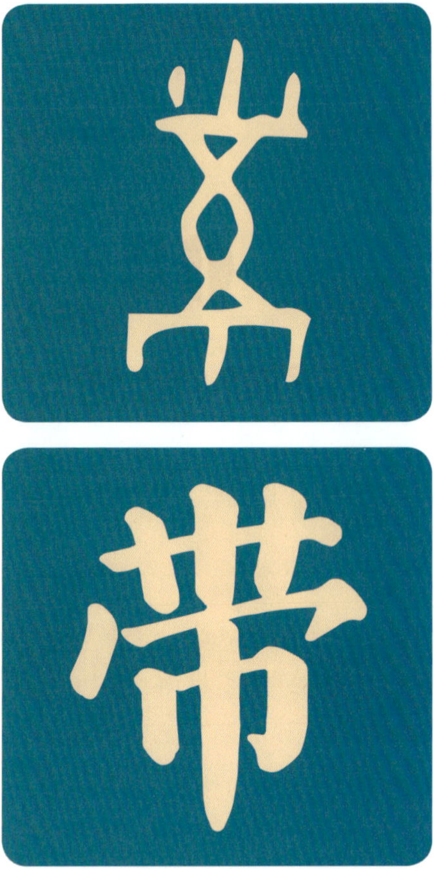

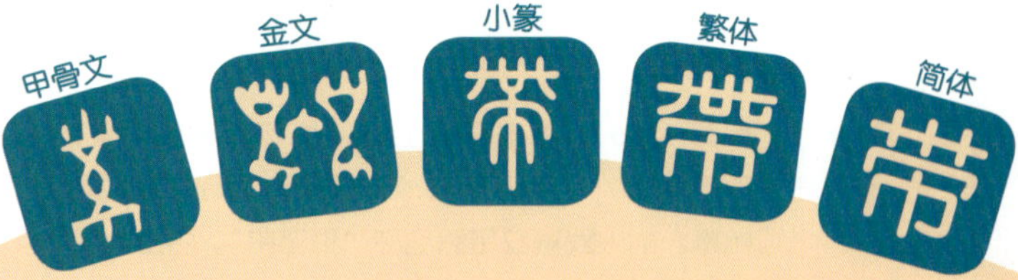

一根带子，两头有装饰物，就是甲骨文里的“带”。

带的本义为束衣的腰带。

星期六
SAT

甲辰年·七月廿一

08 月

2024 · AUGUST

24

小篆的“胡”字，“月”表意，是“肉”的变形；“古”表音。

“胡”本义是兽类下巴的垂肉，后引申为胡须。

星期日

SUN

甲辰年·七月廿二

08 月

2024 · AUGUST

25

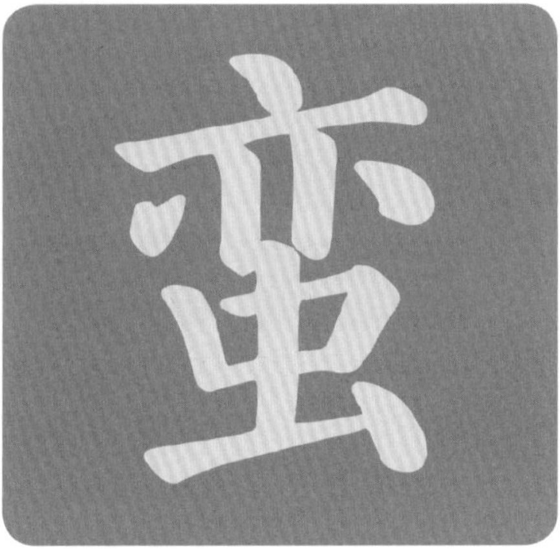

繁体字“蠻”的下边“虫”表意，表示南方多虫蛇；上边“䜌（luán）”表音，是纷乱的意思。古人认为南方民族民智未开而很乱。

星期一

MON

甲辰年·七月廿三

08 月

2024 · AUGUST

26

《聊斋图说》册（顺夷献兽）·清

順夷獻獸

相傳獅作獸中王重譯來朝貢遠方形狀迥殊人繡畫街衢爭看樂非常

獅子一頁

暹羅國王遣使貢獅子每經過處塡街塞巷觀者如堵見其形狀與世間繡畫者迥不相同其毛之顏色黑黃周長數寸許好事者以鷄投之獅先以爪搏去吹之甫一吹則鷄毛盡落淨如帚掃亦理之奇也

星期二

TUES

甲辰年·七月廿四

08 月

2024 · AUGUST

27

这幅图是《聊斋图说》中的一幅，描绘了狮子被进贡来我国后，人们争相观看的热闹场景。《聊斋图说》是根据清代小说家蒲松龄创作的《聊斋志异》绘制的，共计 48 册，现存 46 册。图册一侧绘图，一侧配有文字，文字上半部分是编绘者题诗，下半部分写《聊斋志异》的故事内容，图文并茂，绘制精美，设色雅丽，堪称艺术珍品。

上下两只手在争夺一样东西，
就是甲骨文里的“争”。

星期三

WED

甲辰年・七月廿五

08 月

2024 · AUGUST

28

“贝”表示财物；“工”表音，兼有精美之意。

贡本义为进贡。

星期四

THUR

甲辰年·七月廿六

08 月

2024 · AUGUST

29

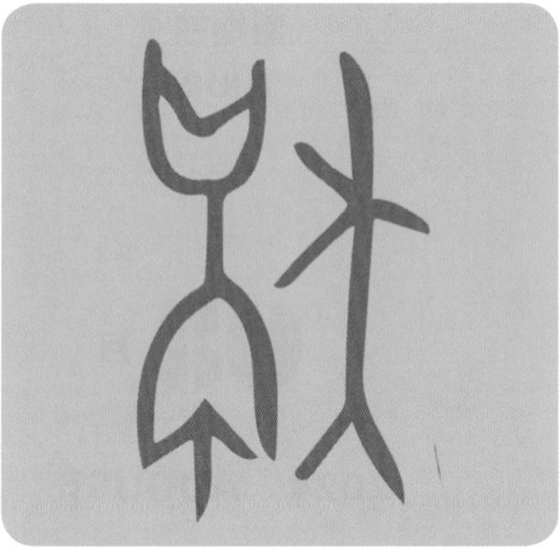

甲骨文中的“献”左边为古代的炊具，右边为犬，
用炊具烹狗作为祭品。献的本义就是献祭，后引申为奉献。

星期五

FRI

甲辰年·七月廿七

08 月

2024 · AUGUST

30

丝绸之路上的动物们

说起丝绸之路，我们第一时间会想到沙漠之舟——骆驼，骆驼是通商贸易的主要运力。我们还知道狮子也是从丝绸之路引进中原的，成了著名的瑞兽图腾，大受欢迎。

但其实，第一批在丝绸之路上“溜达”的动物，还有一个小小的身影：蚕！中国是最早发明养蚕制丝的国家，到汉代时，养蚕制丝工艺已经非常成熟。依靠丝绸之路的推广，中国出产的丝、绸、绫、缎、绢等丝织品因为美丽、柔软、轻盈等特质，在沿途国家大受欢迎，风靡世界。关于养蚕制丝的工艺，便成为中西交流的密切事宜，最终还促进了海上丝绸之路的诞生。

随着贸易的兴盛，骆驼、马匹这些西域国家驯养成熟的动物进入中原。到了唐代，骆驼已经成为军事后勤运输、丝绸之路商贸的主力。来自西域的天马、突厥马等更优良健壮的品种也进入中原，原有的牛、羊、驴、骡等动物，也因为优良品种的传入得以改良，提升了运输效率。

孔雀也是自西域进贡进入中原的动物，因其美丽与罕见，受到皇室与民众的喜爱，就像狮子一样，被赋予了美好的意义。

星期六
SAT

甲辰年·七月廿八

08 月

2024 · AUGUST

31

九月

2024

SEPTEMBER

马鬃

『盠』青铜驹尊・西周中期

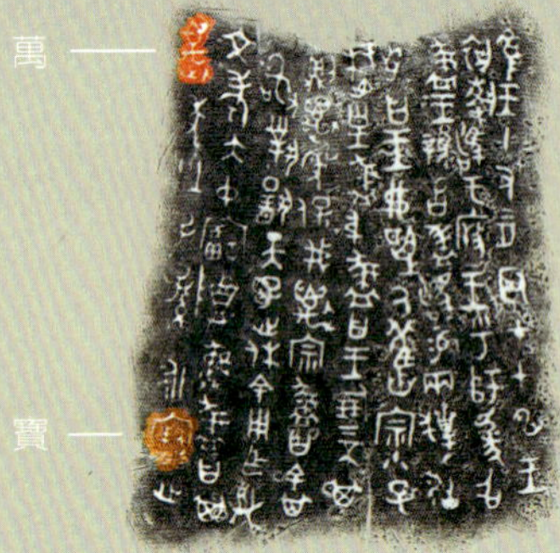

驹尊胸前铭文拓片

星期日
SUN

甲辰年·七月廿九

09 月

2024 · SEPTEMBER

01

“盠（lí）”青铜驹尊是盛酒器，马背上的盖子就是倒酒口。马驹昂首站立，生动传神，体形看起来稚气未脱，但从神态中似乎可以预见其飒爽奔腾的模样。这件盠驹尊的盖子内侧和马的颈部都刻有铭文，记述甲申日周王“执驹”，并赏赐盠两匹马驹，此驹尊正是盠为记录这件事而作，铭文最后表示“盠曰，其万年世子孙永宝之。”“执驹”典礼是幼马升级成为役马的仪式，就是将两岁左右的小马牵离母马，教其驾车服役时举行的仪式，可以看作是马的成年礼。周王亲自参加执驹之礼，可见西周时对马的重视。

马

甲骨文里的“马”能看到大大的马头，背后有长长的鬃毛，双脚有蹄，就是一匹马的形状。

星期一
MON

甲辰年·七月三十

09 月

2024 · SEPTEMBER

02

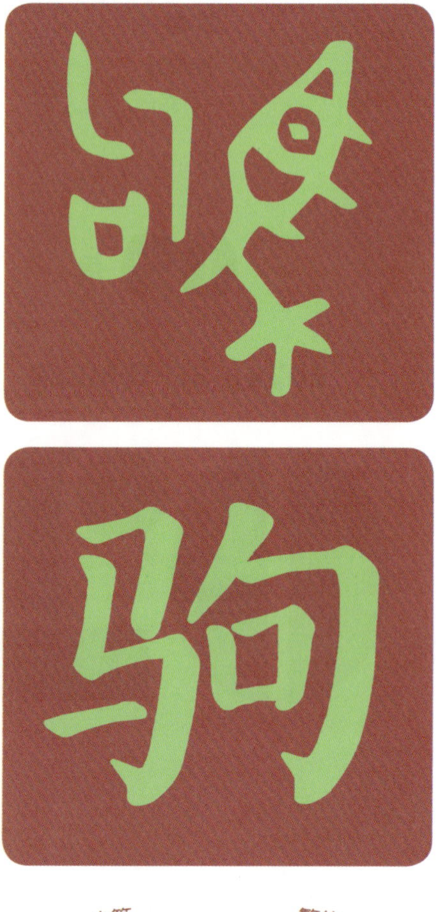

“驹”字“马”旁；“句”声，句亦有弯曲之意，表示小马身体柔软。

《说文解字》中说：“马两岁曰驹。”

星期二

TUES

甲辰年·八月初一

09 月

2024 · SEPTEMBER

03

萬

“万”本义为“蝎子”，在甲骨文、金文中字形均可见蝎子的钳、身、尾。远古时期，中原地区蝎了数量巨大，故假借蝎子代表数量巨大。《说文解字》说：“万，虫也。”

星期三

WED

甲辰年·八月初二

09 月

2024 · SEPTEMBER

04

甲骨文的“宝”字，就是一个屋子里有“贝”和“玉”，这些物品在古代都很珍贵，因此宝的本义就是珍贵的物品。

星期四
THUR

甲辰年·八月初三

09 月

2024 · SEPTEMBER

05

为什么古代人要把字铸在青铜器上？

我们在字形演变中，会看到“金文”写法的字，这些字便来源于古人在青铜器上铸的字，叫“铭文”。青铜器在古代又被称作“吉金”，铸刻在青铜器上的铭文也因此称为“金文”或“吉金文字”。在造纸术还未发明之前，古人将字刻在龟甲或兽骨上，就是甲骨文。后来，有用竹子、木片、布、丝帛当作记录文字的媒介，就是简牍、帛书等。

青铜器刚开始是盛放和烹煮饮食的工具，但因为这种铜开采不易、制作过程也非常复杂，渐渐地只有身份尊贵的人才能拥有青铜器。后来珍贵的青铜器更是被用于各种祭祀中作为“礼器”使用，让青铜器越发珍贵起来，变成身份的象征。

商代中期，青铜器上开始铸刻少量铭文，一般是作器者或被祭祀对象的名字。比如“后母戊”“后母辛”“妇好”等。到了商代晚期，青铜器上的铭文字数渐渐增多，有少量的记事铭文。西周以后，青铜器上以记事铭文为主，字数有数十字或数百字，内容涵盖当时社会生活的很多方面，为了解周代的历史提供了重要的信息佐证。

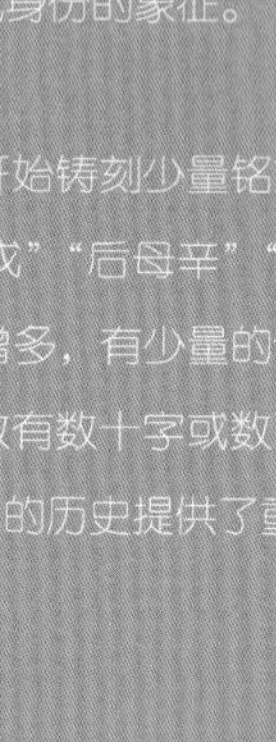

星期五

FRI

甲辰年·八月初四

09 月

2024 · SEPTEMBER

06

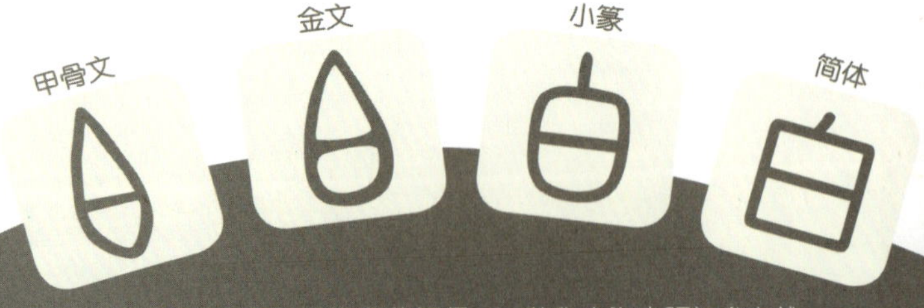

根据字体外形，白有多种解释，一种称白为太阳初升之状，一种解释为大拇指之状，还有一种解释为白色谷米。后来，“白”的本义指白色，引申为纯洁。

星期六
SAT

甲辰年·八月初五·白露

09 月

2024 · SEPTEMBER

07

白露是二十四节气中的第十五个节气。从白露开始，各地陆续进入秋天，暑热基本结束，寒气开始增长，早晚温差变大。空气干燥起来，所以有“秋燥”的说法。

女子骑马陶俑·隋

星期日

SUN

甲辰年·八月初六

09 月

2024 · SEPTEMBER

08

这是一件隋代彩绘女子骑马陶俑，女俑梳着当时流行的发型名叫丫髻（是将头发集束于顶，编结成两个髻，左右各一的样子与树枝的丫杈十分相似），上身穿着圆领窄袖长衫，下身穿着紧腿裤，腰束带，脚穿尖头履。她左手牵缰绳，右手作握鞭状，骑在马上，神态好像在驯马；马则抬起左前蹄，似在熟悉小主人的指挥，整体姿态活泼俊俏。

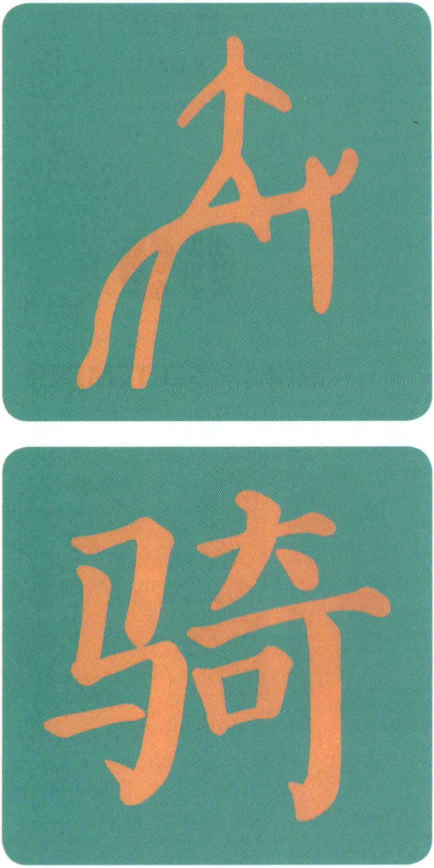

甲骨文的“骑”字，就是一个人骑在马背上。后来，骑的“马”表意，“奇”表音，本义为跨马，后引申为两腿分开跨在其他东西上。

星期一

MON

甲辰年·八月初七

09 月

2024 · SEPTEMBER

09

教

甲骨文的“教”，左上方为“爻（yáo）”，表音；左下方为人形；右边为手持杖或鞭，指用鞭杖来施行教育。教本义为教育、指导。

星期二

TUES

甲辰年・八月初八・教师节

09 月

2024・SEPTEMBER

10

三彩釉陶马·唐

星期三

WED

甲辰年·八月初九

09 月

2024 · SEPTEMBER

11

唐三彩，色彩浓艳，绚烂异常。说是三彩，其实颜色不止三种，烧制过程中，釉料流淌，各种颜色互相交融，形成瑰丽的釉面。唐朝马上得天下，马既是重要的战略物资，也是财富的象征。陶马头看向左侧，马鬃上剪三花，三花不仅是装饰，还是良马的最高标志。马鞍上披着深绿色绒毯状鞍袱，胸前和股后均络绿色革带，串以黄色朵花，重挂金铃等饰件。这件陶马色彩对比鲜明，造型矫健，形态逼真，表现了中国古代雕塑艺术的极高成就，也将盛唐时期达官贵人的华贵乘骑活脱脱地塑造出来。

“鞍”的左边“革”表意，表示马鞍由皮革制成；“安”表音，兼表人坐在马鞍上更安稳。鞍本义为马鞍。

星期四
THUR

甲辰年·八月初十

09 月

2024 · SEPTEMBER

12

陶马·北朝

星期五

FRI

甲辰年·八月十一

09 月

2024 · SEPTEMBER

13

这件陶马矫健有力，低头长嘶，仿佛在整装待发。马背有鞍鞯（jiān），长长的障泥（用来遮挡尘土、泥巴的骑具）垂在马腹两侧。各部位的马具塑造十分工细。北魏后期以来，中国雕塑艺术有了明显发展，不但人物造型比例大为准确，而且在动物如马、牛、骆驼的塑造上也是如此。

“夋”表音，兼有高大、行动敏捷之意，

“骏”指高大、行动敏捷的良马。

星期六

SAT

甲辰年·八月十二

09 月

2024 · SEPTEMBER

14

黑釉三彩马·唐

星期日
SUN

甲辰年·八月十三

09 月

2024 · SEPTEMBER

15

这件马俑全身黑色，唯马面、鬃尾和四蹄为白色，鞍鞯为绿、黄、白三色相间，在唐三彩中实属罕见，是文献中“龙种神驹，四蹄踏雪”的艺术再现。唐三彩中蓝、黑色釉，因釉料成分在高温条件下呈色不稳定，故优质产品不多见，此雕塑与烧窑技术完美结合，堪称唐三彩艺术精品之佳作。目前，国内能见到的唐三彩黑釉器仅两件。

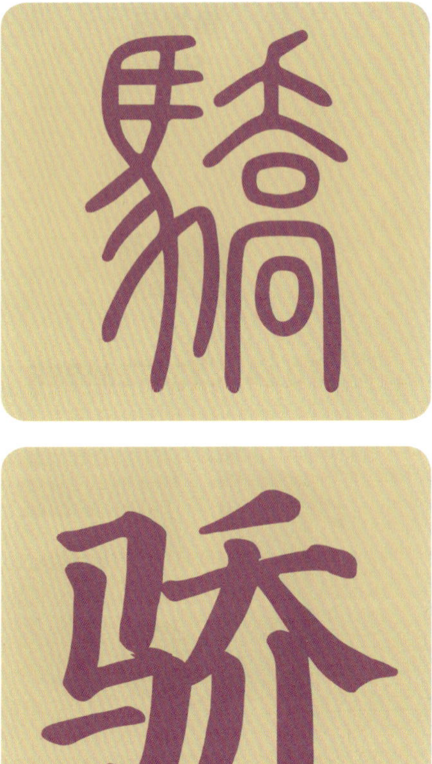

“马”表意，“乔”表音，也有高的意思，

马身高者为“骄”。

星期一
MON

甲辰年·八月十四

09 月

2024 · SEPTEMBER

16

“员”表音，“口”表示圆而全，

上下四旁如一的浑圆之物，即是“圆”。

星期二
TUES

甲辰年·八月十五·中秋节

09 月

2024 · SEPTEMBER

17

中秋节是中国民间传统节日，又称“拜月节”“祭月节”。中秋节源于古人的一种祭月习俗，人们在这一天拜月、吃月饼，和家人团圆。

三彩骑马奏乐陶俑·唐

星期三
WED

甲辰年·八月十六

09 月

2024 · SEPTEMBER

18

此陶俑胎质高岭土，施三彩釉，以褐、白色为主，人物或戴幞（fú）头或着风帽，均穿绿色长袍，足蹬尖头履，有手持似铃打击器，有握排箫，或击鼓等，个别乐器已缺失。坐骑体形一致，躯肥，剪鬃、扎尾，马具齐全。唐代骑马活动较广泛，如狩猎、马球等是礼仪活动不可少的内容。陶塑技艺与器乐演奏结合，是对仪仗阵容的完美再现，也从侧面显示出唐代歌舞升平盛世的繁华。

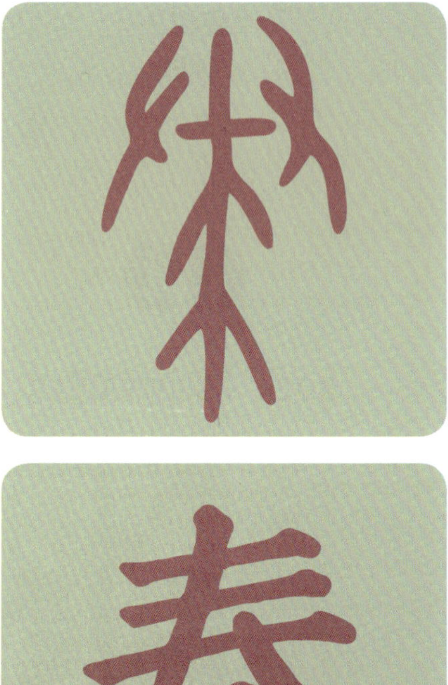

甲骨文的“奏”字形似双手拿着物品进献的样子。

奏的本义就是进奉、送上。

星期四
THUR

甲辰年·八月十七

09 月

2024 · SEPTEMBER

19

彩绘驯马陶俑·唐

星期五

FRI

甲辰年·八月十八

09 月

2024 · SEPTEMBER

20

驯马者双目怒睁，右手紧拽马头，身体后坐；而马右前蹄蹬地，左前蹄腾空，一副不受羁绊的样子。这组驯马俑造型活泼生动，极具动感，意境深刻，雕琢细致，衣褶纹理、筋骨肌肉刻画得惟妙惟肖，将奋力拽马和马桀骜不驯的形象塑造得十分逼真，在唐代陶俑中是不多见的精品驯马俑。

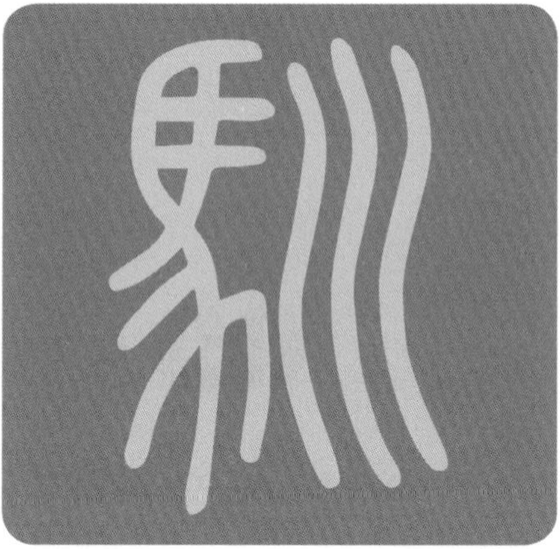

小篆的“驯”字右边是“川”，“川”为河流，顺从河道而流。

驯的本义就是马驯服、顺从。

星期六
SAT

甲辰年·八月十九

09 月

2024 · SEPTEMBER

21

秋

甲骨文中的“秋”像虫下加火，表示烧杀蝗虫之意。

古代，收割完庄稼后，人们往往在田间就地焚烧禾草，烧杀蝗虫。

后来，字形演变成了“秋”，表示庄稼成熟了，像火一样红。

星期日

SUN

甲辰年·八月二十·秋分

09 月

2024 · SEPTEMBER

22

秋分是二十四节气中的第十六个节气。这一天太阳直射赤道，昼夜时间相等。“分”代表平分，除了昼夜平分之外，还表示秋天过半，接下来天气越来越冷，就要进入冬季了。

错金银马首形青铜軏·战国·魏

星期一
MON

甲辰年·八月廿一

09 月

2024 · SEPTEMBER

23

軏（yuè）是车辕前端的重要部件，同时兼有装饰的作用。这件青铜軏呈马首形，其头部和颈部用错金银的工艺装饰卷毛纹和鳞纹，体现了魏国铜器铸造及错金银工艺的超高水平。

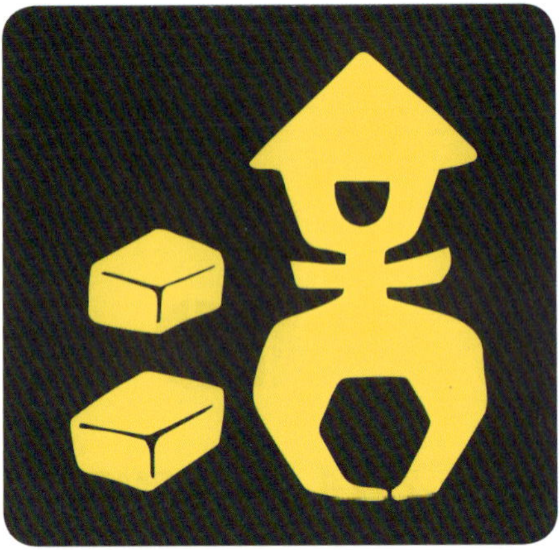

“金”本义是“金属的通称”。金文“金”字形像两块金属锭，在旁边加上了甘（gān）锅形，表示熔炼金属。后来，金只指黄金。

星期二

TUES

甲辰年·八月廿二

09 月

2024 · SEPTEMBER

24

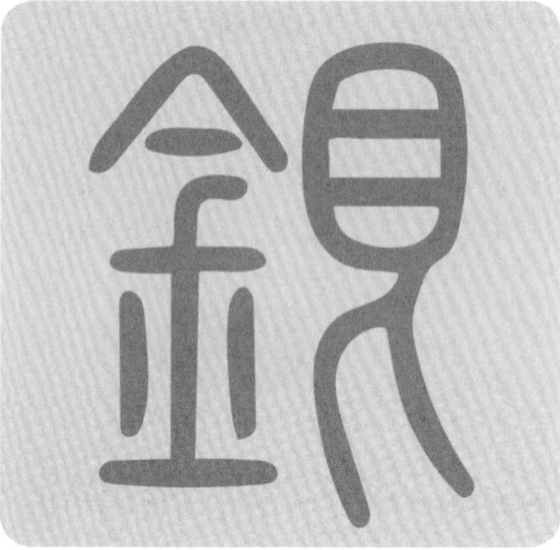

“金”表意，“艮（gèn）”表音，银本义为
一种白色金属，通称银子。

星期三

WED

甲辰年·八月廿三

09 月

2024 · SEPTEMBER

25

《饮饲图》卷·元

星期四
THUR

甲辰年·八月廿四

09月

2024 · SEPTEMBER

26

此画装裱为手卷形式，画中共有九马五人，描绘的是官府里负责养马的机构日常工作情况。画面钤多方印，其一为“宜子孙”朱印。画家任仁发擅长人物、花鸟画，尤其在鞍马绘画方面有很高的造诣。不仅如此，他还是一名水利学家，早年从事海路运输管理，因为维护修复大都（今北京）水闸及疏浚水道有功，升任都水少监，后来曾先后主持修治浙西吴淞江、大都通惠河等工程，并且撰写了《浙西水利议答录》《开江议》等关于水利建设的名篇。

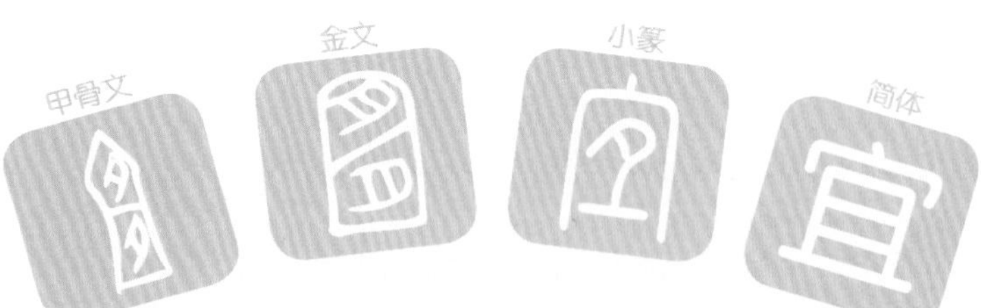

甲骨文的“宜”形似古代在屋里祭祀时，俎（zǔ，砧板）上有肉的形状。宜本义指合适，适宜。

星期五

FRI

甲辰年・八月廿五

09 月

2024 · SEPTEMBER

27

子

甲骨文中的“子”像小婴儿包裹在襁褓中，只露出头和手臂的样子。子本义为婴儿。

星期六

SAT

甲辰年·八月廿六

09 月

2024 · SEPTEMBER

28

甲骨文中的“孙”左边为“子”，是小儿形；右边的“系”为绳索状，有继承、连接的意思。系于子之下者，“儿子的儿子”就是孙。

星期日

SUN

甲辰年·八月廿七

09 月

2024 · SEPTEMBER

29

马在古代有多重要？

我们发现商朝已经开始驯化野马，接着利用马来驮重物，再发展出马术，使得人们开始驾驭马匹飞驰。马可以载人和货物到达更远的地方。

在古代，马的重要性主要体现在军事中，相当于现在的坦克，是重要的军事资源。马多，意味着军事力量强盛。两国相争，只要报一报马匹数目，便可以衡量出实力差距，“对方有多少人马”到现在都是衡量实力的说法。为了让马更有战斗力，古人发明了铁蹄，钉在马蹄上，可以防止马蹄的磨损，延长马匹的使用时长，也更具杀伤力。

中原北部及西北的部族，比如蒙古族、女真族等，更早就驯化马，并用作战争武器。因其不断侵扰中原，于是中原地区也大力发展马的养殖与驯化，也经常引进外族的良马品种，扩充军备。

但在漫长的朝代更迭之中，来自北方的蒙古族、满族等擅长养马、驯马的部族，数次挺进中原，改朝换代。不得不说，掌握了马匹这样一个重要的军事物资对他们有极大的帮助。

星期一
MON

甲辰年·八月廿八

09 月

2024 · SEPTEMBER

30

十月

2024

OCTOBER

鹿角

金文的“国”字形似以戈守护疆域。
古时“或”“国”同用。国本义为邦国。

星期二
TUES

甲辰年·八月廿九·国庆节

10 月

2024 · OCTOBER

01

玉卧鹿·明

星期三

WED

甲辰年·八月三十

10 月

2024 · OCTOBER

02

这件玉鹿全身多光素无纹，只用弧线表示躯体肌肉的轮廓。鹿昂首伸颈，四肢曲卧，温驯可爱。鹿与“禄”同音，古人以鹿的形象寓“禄”，寓意祥瑞。我国古代用玉雕鹿历史非常悠久，千百年来，人们一直把鹿作为吉祥之兆，惯称瑞鹿。

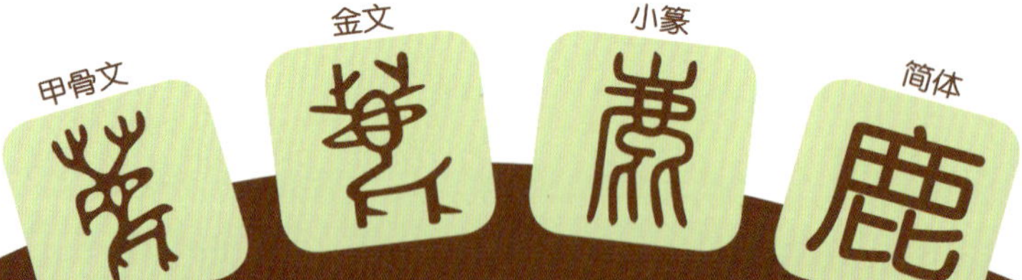

甲骨文中的“鹿”字形为侧视的“鹿”形，

鹿角、鹿眼和轻盈跳跃的鹿身俱全。

甲辰年·九月初一

星期四

THUR

10 月

2024 · OCTOBER

03

尘

小篆

繁体

塵

简体

尘

一群鹿狂奔而去扬起尘土的情形，

就是古文字中的“尘”。

星期五

FRI

甲辰年·九月初二

10 月

2024 · OCTOBER

04

嵌贝鹿形青铜镇·西汉

星期六

SAT

甲辰年·九月初三

10 月

2024 · OCTOBER

05

镇，也称为席镇，是用来压席子角的。这件卧鹿铜镇，背嵌大货贝，实用性和装饰性达到了完美的统一。汉代的席镇绝大多数做成动物形，鹿是人们喜用的造型之一。

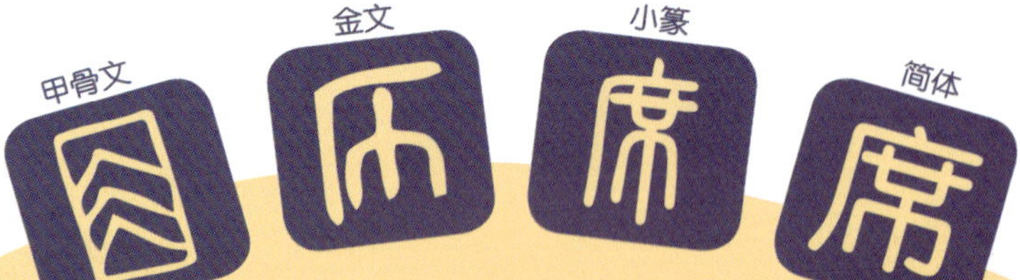

甲骨文的“席”字形就是一张席子的样子。

席本义为供坐卧铺垫的用具。

星期日

SUN

甲辰年·九月初四

10 月

2024 · OCTOBER

06

小篆

简体

“山”字头，表示山谷；“欠”如人张口，表示山谷像山的开口；

“甘”似口含食物，表示山谷中景物深藏。

嵌的本义为山谷深的样子。

星期一
MON

甲辰年·九月初五

10 月

2024 · OCTOBER

07

露

露

小篆

简体

“路”既是声旁也是形旁，表示行经、途经。

雨从天降，“露”就有途经之水的意思。古人认为露水是“天水”：

夜间从天上到地下，早上又回到天上。

星期二

TUES

甲辰年·九月初六·寒露

10 月

2024 · OCTOBER

08

寒露是二十四节气中的第十七个节气，是深秋的节令。这个时候早晚温差变大，气温降低，地面上的露水更加寒凉。民间俗语说：“寒露寒露，遍地冷露。”

粉彩鹿纹尊·清

星期三

WED

甲辰年·九月初七

10 月

2024 · OCTOBER

09

鹿头尊是乾隆时期的典型器具。这件藏品通身粉彩绘深山群鹿图，端庄硕大，纹饰华丽，笔绘细腻，寓意吉祥，在乾隆粉彩器中堪称上品。粉彩器多绘百鹿图，故称为“百鹿尊”。因为“鹿”与“禄”谐音，意为官运亨通，又称为“百禄尊”，是清代皇室的陈设用瓷。

禄

甲骨文的“禄”字像一个被绳子扎紧的口袋，两边有水滴了下来。金文的“禄”则使用了从井内打水的形，表示“取之不尽的水”，最后演化成了福气的意思。

星期四

THUR

甲辰年・九月初八

10 月

2024・OCTOBER

10

重

甲骨文里的“重”像一个人要拿起大大的行囊，表沉重之意。

星期五

FRI

甲辰年·九月初九·重阳节

10 月

2024 · OCTOBER

11

重阳节源自上古在秋天举行的丰收祭天活动。在《易经》中，九代表阳数，九月初九则是两个阳数重合，所以叫“重阳”。后来这一天与祭祀传统相结合，形成了登高祈福、拜神祭祖及饮宴祈寿等习俗。因为“九”在民间有长久、长寿的含义，重阳节又增加了敬老的意思。

是“福禄寿喜”的鹿呀！

赋予文字和意象美好的寓意，是中国文化独有的浪漫。“鹿”与“禄”谐音，“禄”意为福气、福运，还指官吏的俸给，比如“高官厚禄”；“禄”又指官位，如“禄位”……温驯美丽的鹿，成了祥瑞的化身，承载着人们对世道太平、岁月安好的祈盼。

“呦呦鹿鸣，食野之苹。”这首先秦雅乐千年来传唱至今。古人们想象自己能够如鹿一般自由自在地生活。“夫鹿者，纯善之兽也。”“鹿，仙兽也。”自古以来，人们就将鹿定位为纯美善良的动物，或者奉为与上天沟通的神明，或者将它作为部落的图腾。

因为鹿的美好寓意，我们可以在很多古代器物上看到鹿的身影。到了清代，宫廷里更是制作了表现鹿题材的各种器物，仿佛瑞鹿降临，祥气凝结，备受喜爱。

鹿还和他的动物朋友们一起建立组合，代表更丰富的寓意，比如，鹿和猴子一起出现，寓意“禄侯”，显然是对官运亨通的祝福。

这样看来，我们可以创造出更多的组合，带着我们的祝福，送给朋友们吧！

星期六

SAT

甲辰年·九月初十

10 月

2024 · OCTOBER

12

白玉镂雕巧作鹿纹柞树带饰·金

星期日

SUN

甲辰年·九月十一

10 月

2024 · OCTOBER

13

这是一件带黄色玉皮的白玉饰品。黄叶掩映下，一只小鹿穿林而过，双角和耳后伏，掩映在灵芝、树干和山石间。春水和秋山原本是指辽代皇室贵族营地迁徙和游牧射猎等活动，到了金代改为春秋两季捕猎的活动。春季用驯养的海东青猎捕天鹅，秋季狩猎鹿、虎、熊、兔等动物。他们把打猎的场面雕琢在玉器上，就是著名的春水秋山玉。

丽

一只鹿，头上长着美丽的鹿角，

就是甲骨文中的“丽”。

星期一
MON

甲辰年·九月十二

10 月

2024 · OCTOBER

14

联珠鹿纹锦·唐

星期二

TUES

甲辰年·九月十三

10 月

2024 · OCTOBER

15

联珠圈是波斯萨珊王朝的一种装饰图案，经丝绸之路传到中国后受到人们的喜爱。锦是用彩色丝线织成的有花纹的织品，工艺复杂，色彩花纹绚丽，自古以来人们就以它来形容美好的事物，如“锦绣河山”“繁花似锦”“锦衣玉食”等。受北方游牧文化的影响，在吐鲁番的唐锦中，有很多大联珠圈构成的花纹，圈内往往装饰一只鸾鸟、鹿或猪头等。

联

用丝绳穿过器物之耳以便提挂，就是“联”。

联的本义为连接。

星期三

WED

甲辰年·九月十四

10 月

2024 · OCTOBER

16

“帛”是丝织物的总称，“金”表音兼表意，金有五色，

“锦”就是用五彩丝织出各种花纹。

甲辰年·九月十五

星期四

THUR

10 月

2024 · OCTOBER

17

松树双鹿图·清

星期五

FRI

甲辰年・九月十六

10 月

2024・OCTOBER

18

画面中的松树下有两只梅花鹿亲密地相偎在一起。近处的公鹿站立回首，内侧的母鹿仰头与公鹿亲昵，情深状貌跃然纸上。整幅画用笔简淡疏朗，鹿的造型生动传神，是“八大山人”朱耷晚年代表作之一。

双

一只手抓着两只鸟，古人用这个形象表示“两个”“一对”，即为“双”。

星期六

SAT

甲辰年・九月十七

10 月

2024・OCTOBER

19

“木”表意，指树，“公”表示读音，“松”本义是松科植物的总称。

星期日

SUN

甲辰年・九月十八

10 月

2024・OCTOBER

20

左边的“车”是车的形状，右边的“由”表示可以在车轮中间穿入或抽出，所以“轴”就是车轴的意思。

星期一
MON

甲辰年·九月十九

10 月

2024 · OCTOBER

21

做大事为什么用“逐鹿”？

为什么是逐鹿？而不是逐虎、象、猴，或者其他动物？

鹿温驯而味美，是古人主要的狩猎对象。对于先民而言，逐鹿的成败在很大程度上决定了族群的延续；对于部族中的个体而言，谁能率领族人成功逐鹿就有可能在日后奠定在整个部族中的地位和权力，逐鹿慢慢成了争夺天下的代名词。

关于“逐鹿”最早的记载出现在《史记》中：“秦失其鹿，天下共逐之。”中原是古代中国的中心，人们便用“逐鹿中原”代表争夺国家政权。这下我们知道了，“逐鹿”不是一场实际意义上的狩猎活动，而是为了争抢顶级的权力。后来又有“鹿死谁手”表示“不知谁会争得天下”，不过现在，我们也用来表示“不知谁会取得胜利”。

天下群雄竞逐鹿，试看谁是真英雄！

星期二

TUES

甲辰年·九月二十

10 月

2024 · OCTOBER

22

小篆

简体

“雨”，表示与天气有关；“相”表音兼表意，即霜之白明显可见。

“霜”的本义为冰霜。

星期三

WED

甲辰年·九月廿一·霜降

10 月

2024 · OCTOBER

23

霜降是二十四节气中的第十八个节气。霜降之后便进入深秋季节。霜是昼夜温度变化的表现，霜降并不是说这一天会降霜，而是指在这之后气温骤降、昼夜温差大。

牛头鹿角形金步摇·北朝

星期四
THUR

甲辰年·九月廿二

10 月

2024·OCTOBER

24

这个造型是当时鲜卑族妇女所佩戴的步摇冠上的装饰之一。鲜卑族的金步摇采用黄金打造，不仅有中原地区的别致手法，还有鲜卑人喜爱的牛马造型。既保留了马背民族粗犷豪放的特点，又展露了生活情趣。两牛角之间有一鹿角形枝杈，在向上分出几个小枝杈，上面装饰着可以摆动的金叶片。头戴步摇，走起路来金叶片像纷飞的花瓣一样轻盈摇曳。

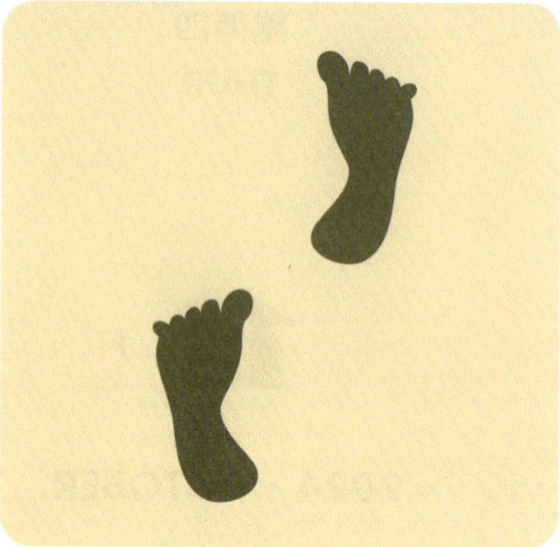

步

一前一后两个脚印，就是甲骨文里的“步”。

步的本义就是行走。

星期五

FRI

甲辰年・九月廿三

10 月

2024・OCTOBER

25

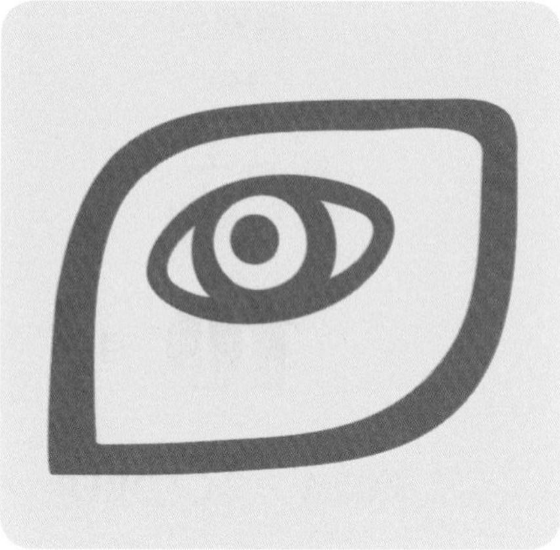

甲骨文里的“面”，内部为眼，外部是脸的轮廓。人脸上都长有眼睛，故古人也将脸称为“面目”。面在古代就指人的整个面部。

星期六

SAT

甲辰年·九月廿四

10 月

2024 · OCTOBER

26

鹿纹银碗 · 唐

星期日

SUN

甲辰年·九月廿五

10 月

2024 · OCTOBER

27

鹿纹银碗，为唐朝的盛食器。这件银碗碗壁是 12 个凹凸起伏的花瓣形状，口沿下铭文属于粟特文，读作“祖尔万神之奴仆”。这只碗可能来自中亚粟特地区，粟特人原是生活在中亚阿姆河与锡尔河一带的古老民族，语系为古中东伊朗语，从我国的东汉时期直至宋代，往来活跃在丝绸之路上，以长于经商闻名于欧亚大陆。

“碗”在古代写作“盌”。金文的“碗”下部的“金”代表这是金属制成的器具。小篆的“碗”将“金”换成了“皿”，代表这是器皿的一种。

星期一
MON

甲辰年·九月廿六

10 月

2024 · OCTOBER

28

鎏金鹿纹银鸡冠壶·宋·辽

星期二

TUES

甲辰年·九月廿七

10 月

2024 · OCTOBER

29

这件鎏金鹿纹银鸡冠壶因壶把造型像鸡冠而得名，造型源自北方少数民族的皮质水囊。壶盖与壶身以银链相连，壶身四周錾（zàn）刻美丽的花纹，正中间刻有梅花鹿、山石、灵芝、海水组成的图画，宛如仙境。壶身周边还做成了仿皮囊缝合的装饰，具有浓厚的骑马民族风格。

在甲骨文和金文中，“鸡”是一个象形字，字形很像一只公鸡。后来演变为形声字，以“隹”或“鸟”为形旁，以“奚”为声旁。

星期三

WED

甲辰年·九月廿八

10 月

2024 · OCTOBER

30

喜爱金银器的契丹民族

说到契丹族，你会想到什么？

北方、草原、游牧民族，大口吃肉、民风强悍、善于战斗，汉人的强敌、金庸的小说，几乎强过大宋的辽国……

但你能想到这样一个游牧民族，竟如此擅长金银器物的制作吗？

契丹是中国古代北方草原上一个强大的民族，曾经在中国北方建立了辽国，对中原王朝构成极大的威胁。如今契丹帝王们的丰功伟业早已在历史中飘逝，然而，契丹族所制造使用过的那些金银器物，至今依旧散发着灿烂的光芒，仿佛在诉说着它们过去的故事与荣耀。这些金银器无论是造型，还是制作工艺，都体现了极高的水平。

契丹族和其他草原游牧民族一样，喜爱黄金白银，其贵族的日常用具不少是用金银制成，除了生活用品、首饰物品，对于马背上的民族来说，精美的马具装饰必不可少。契丹皇帝赏赐大臣以及贵族间相互馈赠也往往是精美的金银器。

契丹民族不仅喜爱金银器，也重视金银器的冶炼、制作与加工。辽政权重视金银矿的开采，在矿区设置金冶或银冶，募专人采炼。契丹族的金银器风格很具包容性，既有唐代风格，也借鉴了西方的金银器制作工艺，同时又具有本民族的独特风格。

契丹族讲究厚葬，如今，我们在契丹族的遗址和墓葬中发现了那些仍闪耀着光芒的金银器，解读着这个草原民族的文化和气质。

星期四

THUR

甲辰年·九月廿九

10 月

2024 · OCTOBER

31

十一月

2024

NOVEMBER

鹰
爪

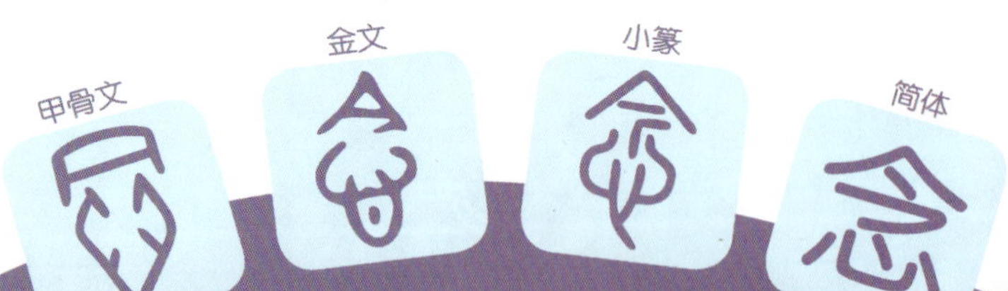

“念”的上部为“今”，表音，下部是“心”，表意，表示心里的状态。念的本义是常思、思念。

星期五

FRI

甲辰年·十月初一·寒衣节

11 月

2024 · NOVEMBER

01

寒衣节是中国传统的祭祀节日。农历十月初一是进入寒冬的第一天，古人有为远方戍边、服役的亲人送冬衣的习俗，后来发展成为也为去世的亲人、先祖准备冬衣，于是变成了追思、祭祖的节日。在这一天，思念故去的亲人，在祭祀时把冥衣焚化给祖先，叫作“送寒衣”。

鹰形陶鼎·新石器时代·仰韶文化

星期六

SAT

甲辰年·十月初二

11 月

2024 · NOVEMBER

02

这是一件雄鹰伫立造型的陶鼎，将鼎形器物特征与鹰的动物美感巧妙地融为一体，是原始艺术与实用功能完美结合的典范，它的形象古朴又极具现代感，同时具备写实性、抽象性、实用性。新石器时代的人们刚刚进入原始文明阶段，早期制作的陶器比较简陋，陶鹰鼎在整个新石器时代的陶器中是一个独特的存在，表明此时人们不但擅长彩绘图案，而且雕塑技艺达到了一个较高的水平。

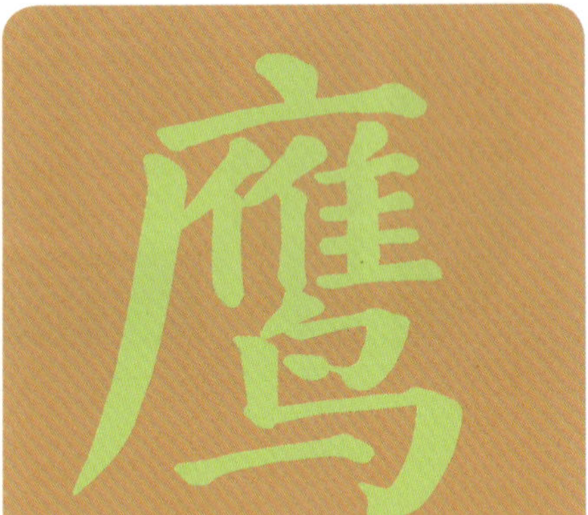

金文的“鹰”像是一只鸟攀在山崖上。鹰是指住在岩崖上的鸟，猛禽类，嘴钩曲，趾有钩爪，捕食小兽和其他鸟类，猎人可驯养帮助打猎。

星期日
SUN

甲辰年·十月初三

11 月

2024 · NOVEMBER

03

金文的“陶”，有“阜”表示山地，“土”表示泥浆，“人”形表示很多人在山地上踩踏。陶的本义是陶丘，后也有从土山取陶土制作器具的意思。

星期一
MON

甲辰年·十月初四

11 月

2024 · NOVEMBER

04

《松鹰轴》·清

星期二

TUES

甲辰年·十月初五

11 月

2024 · NOVEMBER

05

鹰被誉为“空中之狮”，是勇敢与力量的象征，也是历代画家喜爱的题材。自唐朝开始，便有画家画鹰，鹰是宫廷院体画常画的对象，体现出皇家气派。这是清代画家李鱓（shàn）绘制的松鹰图，一只雄鹰站立在遒劲的松柏之上，背景点缀竹石，用笔粗放泼辣，为其晚年绘画的代表风格。李鱓是“扬州八怪”中绘画面貌最多样的一位画家。

“飞”的字形像一对正在扇动的翅膀，
古人用扇动的翅膀表示飞这个动作。

星期三

WED

甲辰年·十月初六

11 月

2024 · NOVEMBER

06

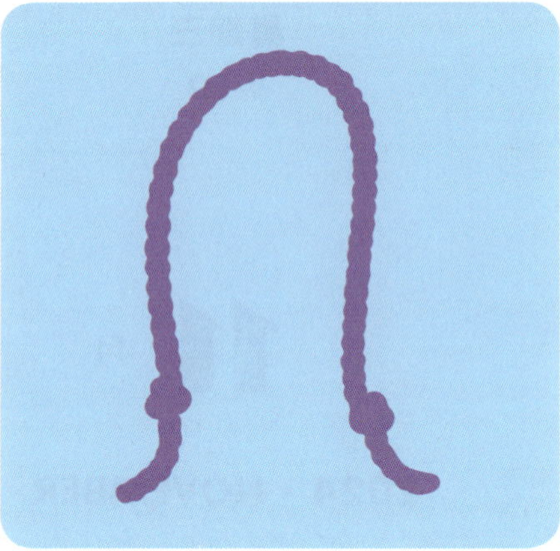

冬

甲骨文的“冬”本是一段两端打结的绳子。古时候在绳子的两端打上结表示结束，冬季是一年的终了之时。后在“冬”下加两点，突出了冬季的寒冷。

星期四
THUR

甲辰年·十月初七·立冬

11 月

2024 · NOVEMBER

07

立冬是二十四节气中的第十九个节气，代表冬季开始了。气温下降，立冬后会越来越寒冷，到了享受丰收、休养生息的时候。

甲骨文里的“羽”字形像一对鸟的翅膀，上面长着羽毛。

羽本义是鸟毛。

星期五

FRI

甲辰年·十月初八

11 月

2024·NOVEMBER

08

双鹰猎狐纹铜镜·唐

星期六
SAT

甲辰年·十月初九

11 月

2024 · NOVEMBER

09

这面铜镜四方委角形，圆纽窄平缘，镜面较光洁，背饰双鹰追逐狐狸纹样，两只老鹰盘飞振翅，正要俯冲下来，下方一只狐狸极速奔逃。形象简洁概括，粗犷生动，非常罕见。唐代铜镜将自由、豪放、新颖的时代精神纳入铜镜有限天地之内，无论造型、题材、纹饰、铸造工艺都突破了旧有的模式，进行大胆创新。

甲骨文的“狐”像一只狐狸的形状，
狐狸肚子下面的图案是表示声音的“亡”字（古音和今音有很大的不同）。
小篆的“狐”，“亡”变成了“瓜”。

甲辰年・十月初十

星期日

SUN

11 月

2024・NOVEMBER

10

驯鹰就这么刺激吗？

自从一万多年前，人类第一次成功地将狼驯化成狗以后，牛、羊、驴、马，甚至凶残的野猪也都被驯化成了家畜。人们又将目光投向天空中的飞鸟，成功地驯化来鸡鸭鹅鸽子。直到近代，番鸭、珍珠鸡、火鸡、鹦鹉，也一一被驯化饲养。

可是天空中的王者是谁？

是那展翅上腾，搏击长空，翱翔于千里之上，而疾如劲风，快似闪电，一目千里，俯瞰众生，傲视群雄的鹰！

如果不能叫这王者甘心俯首称臣，那驯化那些小鸡小鸟，即使数量再多又有什么意思呢。都不够刺激！

驯鹰，就是开启了刺激模式。

刺激之一：捕获老鹰本尊太难了。它能在离地面两三千米以外的空中，准确地发现地面上移动的野兔。猎物附近有人们，诱饵是死物，它们早就能一眼看穿。用陷阱又怕伤害到它们。从巢里直接掏雏鹰吧，但那巢在悬崖峭壁上。

刺激之二：熬鹰太难了。熬鹰就是熬炼鹰的烈性子使之低眉顺眼。这是对鹰和人的双重折磨，几天几夜不让鹰合眼，一旦它闭眼梦到蓝色长空，它的自由之梦就更加坚强。坚决不从、绝食、撞笼、疾病都会将一切努力化为乌有。

刺激之三：练飞也难。好不容易熬出来了，在练飞——叫它按人的意思飞时，有的鹰一去不回。

难怪，在一位驯鹰人看来，世上玩法颇多，但玩得那么自然，玩得那么有趣味，玩得那么刺激，非此莫属。

据说早在几千年前，人类已经开始这么玩了，那时没有《野生动物保护法》，人们能玩得如此尽情、自然、刺激。

星期一

MON

甲辰年・十月十一

11 月

2024・NOVEMBER

11

三彩绞釉陶狩猎骑俑·唐

星期二

TUES

甲辰年·十月十二

11 月

2024 · NOVEMBER

12

这件陶俑身佩刀与箭囊，手托猎鹰，目光专注，神情逼真。在唐代，放鹰打猎是一种盛行不衰的娱乐活动。唐朝政府设有养鹰坊，有专门负责驯养的人员。此外，唐人还驯猎豹、猞猁，带出去狩猎。这些动物很多都是来自东亚和西亚的珍稀贡品。

隹

“隹”的甲骨文是一只短尾巴鸟的形象，隹本义是短尾巴的鸟。隹是一个常用的构字部分，有“隹”的字大多和鸟类有关。

星期三

WED

甲辰年·十月十三

11 月

2024 · NOVEMBER

13

小篆

简体

“隼（sǔn）”字的上边“隹”是短尾鸟的总称，“一”表示鹰隼停在手臂上。隼本义为一种凶猛的鸟。

星期四

THUR

甲辰年·十月十四

11 月

2024 · NOVEMBER

14

白玉持鹘童子·辽

星期五

FRI

甲辰年·十月十五

11 月

2024 · NOVEMBER

15

白玉雕刻的童子面部饱满，五官端正，身着长衫，双手置于胸前，左手似拿食物正在喂鹘（hú，隼的旧称），右腕托一只海东青鹘，臂腕处戴有臂鞲（gōu）。“鞲，臂衣也。”鞲原是射箭时套在左臂上的革套，起保护手臂的作用，也可用来作为架鹘饲食的护具，以防鹘爪抓伤身体。这件玉器生动展现了辽代人工驯鹘饲食的真实情景。辽代玉器在制作题材上随意自然，粗犷豪放，具有浓郁的游牧民族生活气息和自然情趣。

金文的“持”写作“寺”，上为“㞢”，读作“之”，下为“又”，古时候表示右手，就像是用手拿着东西的样子。后来，“寺”变成寺院的意思，小篆就给“寺”加上“手”，表示拿着、握着。

星期六

SAT

甲辰年·十月十六

11 月

2024 · NOVEMBER

16

金文的“童”的上部从“辛（qiān）”，像用刑刀把一个人的眼睛刺瞎，迫他为奴；下部是“东”，表音。后来，童假借为小孩。

星期日

SUN

甲辰年·十月十七

11 月

2024 · NOVEMBER

17

鹰首形盖提梁壶·战国

星期一
MON

甲辰年·十月十八

11 月

2024 · NOVEMBER

18

这件青铜器盖子作鹰首形，以鹰喙为流水口，喙开启关闭灵活，壶的腹部饰瓦纹，纹样简约质朴，是战国时期青铜壶少见的佳品。

小篆

简体

“提”的左边是一只手的形状，表示“提”字与手有关；右边为“是”，有垂直之意，因而提表示垂直上提。

星期二
TUES

甲辰年·十月十九

11 月

2024 · NOVEMBER

19

梁

金文的“梁”中左边的“水”，表示与水有关；
右边为桥形，表示用木料在水上造桥。梁本义为桥。

星期三
WED

甲辰年·十月二十

11 月

2024 · NOVEMBER

20

“鹰”等于“英”？中国人为什么喜欢谐音？

傲世独立、眼神锐利、强劲有力的猛禽，搭配常绿不衰、坚硬无比的松针、松树，是为《松鹰图》。就像两个柿子一个如意组合成的柿（事）柿（事）如意图一样，鹰和松也充满了寓意。

鹰，谐音“英”，象征英雄，有着刚猛刚健的精神气质。

松，表示长寿，或象征坚韧不拔、志节超卓的高贵品格。也有一说，松，谐音“雄”。

所以，你明白了吧。我们在“谐音”方面的文化，底蕴深厚，可谓源远流长。

比如，“春蚕到死丝方尽，蜡炬成灰泪始干”。丝与思谐音。

再比如，“昔我往矣，杨柳依依；今我来思，雨雪霏霏”。这是一位守边戍士在归途中的赋诗喟叹。柳，是春，更寓意“挽留，留别”，因柳谐音“留”。

我们为何如此喜欢谐音，中国为何成为谐音的最大原产地？这和汉语的语言特点有关。

汉语不是字母表音文字，绝大多数文字都是单字单音。字虽然多，但是读音不算多。这就使得大量汉字都有不止一个同音字，谐音由此不断生发出来。古时候的人表情达意较为含蓄，因此经常用谐音表达说不出口的意思，后来常常用来祈愿祝福。如今我们也喜欢用谐音，不过更多用来逗趣、幽默。

小朋友们，想想平日里有没有遇见好玩的谐音词？

星期四
THUR

甲辰年·十月廿一

11 月

2024 · NOVEMBER

21

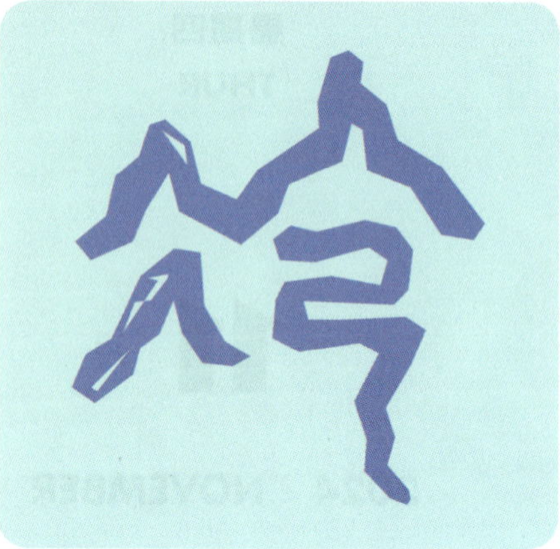

小篆

简体

小篆的“冷”左边为“仌（bīng)”，是“冰”的本字（原来的字形），像水结晶成冰之形。由“仌”构成的字多与寒冷有关，后来“仌”简写作“冫”。

星期五
FRI

甲辰年·十月廿二·小雪

11 月

2024 · NOVEMBER

22

小雪是二十四节气中的第二十个节气。“雪”是寒冷天气会出现的一种降水形式。小雪是指天气严寒，但尚未有较大降水的时节。

青玉镂雕鹘啄鹅带饰·金

星期六
SAT

甲辰年·十月廿三

11 月

2024 · NOVEMBER

23

这件配饰属于辽金时期，是一枚青玉带饰，圆形环托，正面是雕鹘捕天鹅的纹饰。《金史·舆服志》中将金人服饰上的鹰、鹘、天鹅、大雁的图案称为春水之饰，将金人服饰上的虎鹿山林图案称为秋山之饰。此玉器采用透雕、浮雕和阴刻等技法，鹘和鹅的羽毛用排列整齐的粗阴刻线表示，具有写实风格，是金代春水玉典型器。立体感强，有浓郁的时代气息，将独特的草原民族捺钵文化（四时转徙、游牧射猎的生活习惯）浓缩在小小的玉器上，展现出较高的艺术创作水平。制作者将鹘展翅翻腾攫啄天鹅时的凶猛瞬间动态，以及天鹅被抓时引颈悲鸣的细微刻画都表现得淋漓尽致。

雕

金文

小篆

简体

雕

“雕”的右边“隹”表意，表示与鸟类有关；左边“周”表音。

雕本义为大型猛禽。

星期日

SUN

甲辰年·十月廿四

11 月

2024 · NOVEMBER

24

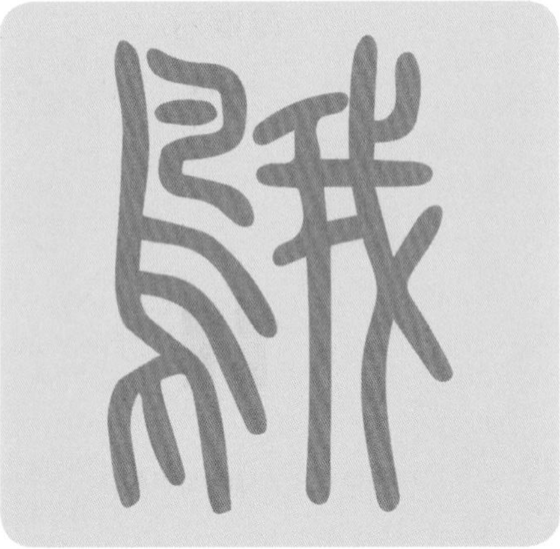

“鹅”的右边“鸟”表意，表示与鸟类相关；左边“我”表音，兼形容鹅的叫声。

星期一

MON

甲辰年·十月廿五

11 月

2024 · NOVEMBER

25

小篆

简体

篆书的“啄”中左边“口”，像张开的嘴，表意，表示敲击物体的部位是嘴；右边“豕”表音兼形容鸟嘴啄物体的声音。

甲辰年・十月廿六

星期二

TUES

11 月

2024・NOVEMBER

26

玉鹰·商

星期三

WED

甲辰年·十月廿七

11 月

2024 · NOVEMBER

27

这是一枚深绿色玉鹰，鹰呈展翅飞翔状，两面纹饰。一面双线雕刻，代表背脊；另一面单线雕刻，代表胸腹部。器型饱满，线条华丽，特别是双翅，雕刻得非常丰满，极为夸张，对称形的雕刻，非常有神韵和气势，上昂的头部，使雄鹰显得敏捷雄健，是商代动物形玉雕中的杰作。

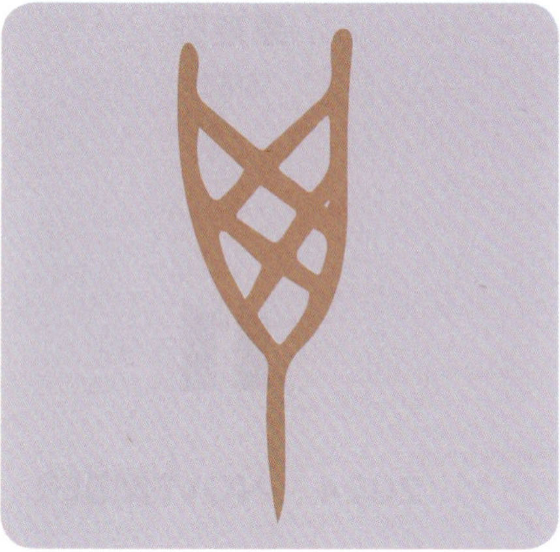

甲骨文的“禽”像一把用来捕捉兽类的长柄网具。
禽是“擒”的本字，本义是捕捉。金文的“禽”中加上了声旁“今”。
后来，禽指鸟类的总称。

星期四

THUR

甲辰年 · 十月廿八

11 月

2024 · NOVEMBER

28

金文中“脊”的字形像人骨架的样子。脊的本义就是背中间的骨头。

小篆中“脊”下部为“肉”，表示脊骨与肉相连不分开。

星期五

FRI

甲辰年・十月廿九

11 月

2024・NOVEMBER

29

神话传说中的神鸟——大鹏

鹏，又称大鹏、大鹏鸟，是中国古代神话传说中最大的鸟。

鹏的记载最早见于《庄子·逍遥游》：“北冥有鱼，其名为鲲。鲲之大，不知其几千里也。化而为鸟，其名为鹏。鹏之背，不知其几千里也。怒而飞，其翼若垂天之云。”“水击三千里，抟扶摇而上者九万里。”

另外《神异经·中荒经》里描述的大鸟“希有”，也与大鹏之大有相似之处。其“背上小处无羽，一万九千里”，可见它体形多么庞大。

后世诗人即以大鹏来表明志向高远、气概豪放的心志。李白的“大鹏一日同风起，扶摇直上九万里”成了千古名句。如今，汉语中仍有“鹏举”“鹏程”之类的词语，借喻远大的前程和抱负。

像大鹏这么大的神鸟不仅翱翔在中国上空，可以说全球各地甚至宇宙都是它的领空。

古印度有神鸟迦楼罗，它身长八千由旬，翼长四千由旬，以龙为食，能任意穿梭宇宙。

西方也有大鹏，传说其体形巨硕，羽呈白色，以象为食，力大无匹。而西方鹏鸟的来源也许可以追溯到古波斯神禽“峨婆”。该鸟历经天地生灭三大劫，故知过去、现在、未来一切事。其貌鸟身犬首或人面，两翼伸展可遮蔽日月群星。

另外，犹太、古埃及、阿拉伯、土耳其、古希腊、俄罗斯、北欧都有类似神鸟的传说。

其大无与伦比，可以说是这些鹏鸟的共同特点。有旅行家在日记中惊叹“本以为那是座山，原来竟是只鹏鸟！”有人说，大鹏原型是象鸟。也有人说大鹏原型为恐鸟或秃鹰。

星期六

SAT

甲辰年·十月三十

11 月

2024 · NOVEMBER

30

十二月

2024

DECEMBER

龙凤呈祥

玉凤·商后期

星期日
SUN

甲辰年·十一月初一

12 月

2024 · DECEMBER

01

这件玉佩出土自殷墟妇好墓，相传殷商始祖契的母亲简狄，是在吃了玄鸟（有学者认为是“凤”）的蛋后，才生了契。这就是“天命玄鸟，降而生商”的传说。殷人也就自命为凤的后裔。

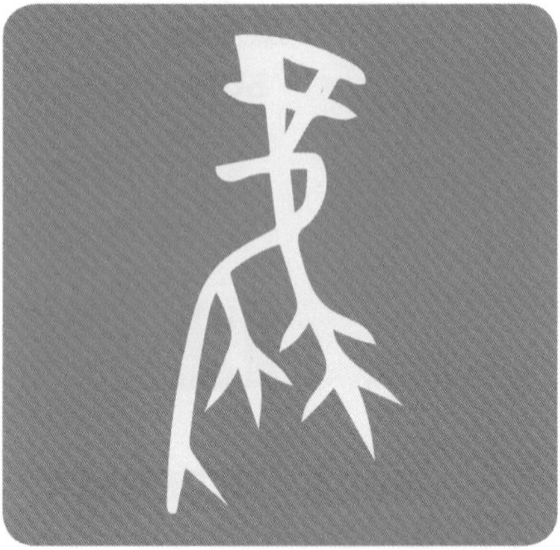

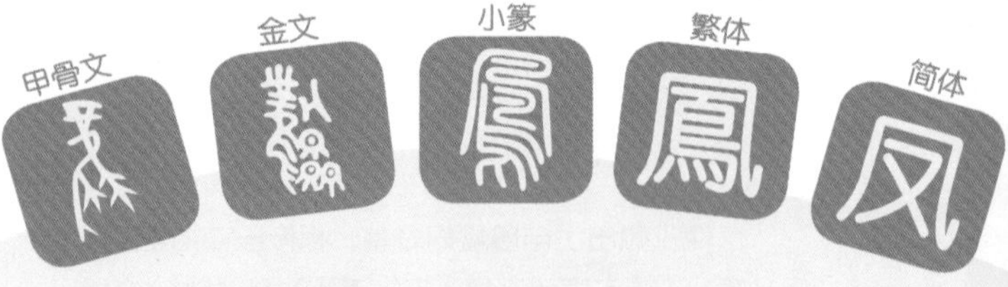

甲骨文和金文的“凤”像一只凤凰，特别突出它美丽的尾部羽毛；有的“凤”字体右上角还有一个“凡”字，表示读音。

星期一
MON

甲辰年·十一月初二

12 月

2024 · DECEMBER

02

风

“风”字形像一只正在飞翔的凤凰。风无法描绘，凤凰翅膀大，飞起来会产生风，古人就借用“凤”表示风。

甲辰年·十一月初三

星期二

TUES

12 月

2024 · DECEMBER

03

凤凰画像砖·南朝

星期三

WED

甲辰年·十一月初四

12 月

2024 · DECEMBER

04

这块画像砖整个砖面浮雕一只展翅扬尾的凤凰，画中的凤凰翅和尾均冲破边框花纹饰带，双翅张举，挺胸引颈，双腿分立，有强傲之气，衬托出鸟中之王的威仪。这座南朝墓中一共出土了 60 块画像砖，一砖一图，表现的是墓主出行及生活的场面。这些画像砖也可以说是南朝绘画的代表作品。

凤凰是能产生风的神鸟，雄的叫“凤”，雌的叫“凰”。
最早没有“凰”的字形，于是借用了“皇”字的意思，表示王者。

星期四

THUR

甲辰年・十一月初五

12 月

2024 · DECEMBER

05

“雪”上面是下雨的“雨”，下面是羽毛的“羽”，表示天上下着鹅毛大雪。后来，雪下面的部分变为一把扫帚，表示下雪后用扫帚扫雪。

星期五

FRI

甲辰年·十一月初六·大雪

12 月

2024 · DECEMBER

06

大雪是二十四节气中的第二十一个节气。大雪后，气温逐渐下降，降水也会增多，天气更冷了！

又是一只传说中的鸟儿！

自古以来，凤凰是人们心目中的神鸟。和龙一样，凤凰也充满了神秘色彩，拥有很多传说。

先从名字说起。“凤”和“凰”是有区别的，凤是雄鸟，凰是雌鸟。“凤求凰”“凤凰于飞”这些成语，是描述夫妻琴瑟和谐的。后来，随着语言的发展，“凤凰”就合为一词了。拥有这样个性的名字的，还有我们在公园里经常见到的鸳鸯。

凤凰的长相也很“博采众长”。传说，凤凰的上半身像飞鸿，下半身像麒麟。它有着蛇一样长长的脖子，鱼一样流线型的尾翼。它还拥有龙的花纹、虎的后背、燕子的下巴、雄鸡的嘴，以及一身五彩斑斓、绚丽夺目的羽毛。

这样高贵美丽的神鸟，注定成为百鸟之首。《太平御览》中记载，“海州言凤见于城上，群鸟数百随之，东北飞向苍梧山”，这就是“百鸟朝凤”。

我国民间有一首经典的唢呐曲，就叫《百鸟朝凤》。人们不仅构想了凤凰的故事，还用乐器演绎了一派莺歌燕舞的蓬勃生机。

星期六
SAT

甲辰年·十一月初七

12 月

2024 · DECEMBER

07

青花夔凤纹摇铃尊·清

星期日

SUN

甲辰年·十一月初八

12 月

2024 · DECEMBER

08

不同于青铜尊的厚重、庄严，陶瓷尊中有一类器型非常小巧、优雅，这种器型形似摇铃，故称摇铃尊。这件摇铃尊直口，长直颈，斜肩，平底。器身青花装饰两组夔凤纹，高冠、尖喙，喙衔一个环。身上的羽毛卷曲像云朵，外底青花书写“大清康熙年制”六字三行楷书款。青花纯正艳丽，纹饰简洁明快，是康熙官窑青花器中的精品。

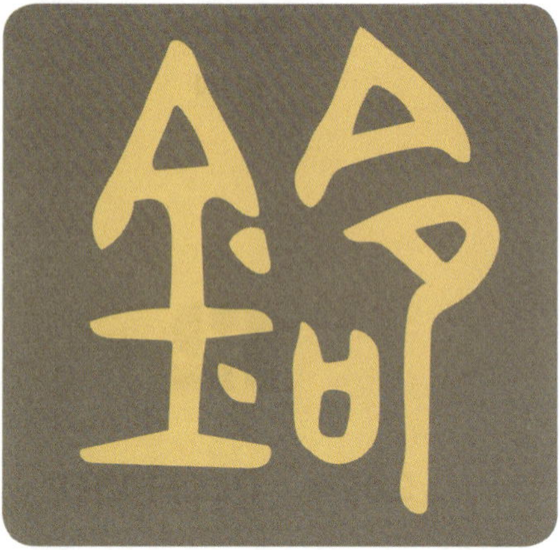

金旁，表意；“令”表音。“铃”的本义是金属制成的响器，

有柄有舌，形似钟而小。

星期一
MON

甲辰年·十一月初九

12 月

2024 · DECEMBER

09

口旁，“彖（tuàn）”表音。甲骨文里的“喙”字形强调了野兽（以野猪为代表）的形态和口。古时，噣（zhòu）为鸟嘴，喙为兽嘴。

星期二

TUES

甲辰年·十一月初十

12 月

2024 · DECEMBER

10

景德镇窑青花双凤纹玉壶春瓶·元

星期三

WED

甲辰年·十一月十一

12 月

2024 · DECEMBER

11

玉壶春瓶，又称为玉壶赏瓶，是装酒的实用器具，后来逐渐演变成观赏性的陈设瓷器，是中国瓷器造型中的一种典型器。这件青花双凤纹玉壶春瓶，用吉祥之鸟、富贵之鸟作为花纹，搭配淡雅的青花釉色，是元代景德镇烧制的青花瓷器中的珍品。

小篆

简体

小篆的“瓷”，上部两片“瓦”是泥片，指与泥土制作有关。“次”表音。
“瓷”的本义就是用高岭土等烧制而成的器物。

星期四
THUR

甲辰年·十一月十二

12 月

2024 · DECEMBER

12

凤凰和梧桐树

凤凰是祥瑞的象征，传说，凤凰所到之处，便会天下太平，安宁祥和。

凤凰也是高贵品质的代表。《论语》记载，有人对孔子说：“凤兮凤兮，何德之衰？往者不可谏，来者犹可追。”他用“凤兮凤兮”称呼孔子，是把孔子比作品格高贵的人。

这样美丽、吉祥、高贵的神鸟，行踪一定不同凡响。传说，凤凰来自君子之国，白日翱翔四海之外，飞越仙山昆仑，在昆仑山下的弱水之渊梳洗羽毛；还有传说，凤凰只住在梧桐树上。

为什么是梧桐树？在我国北方民间和古代汉语中，梧桐树一般指泡桐树。泡桐树容易感染一种丛叶病毒，冬季叶片脱落后枝干很像鸟巢，古人认为是“凤巢”。于是，人们想象梧桐树可以长出凤凰的巢穴并吸引凤凰前来栖息。

“凤凰鸣矣，于彼高冈。梧桐生矣，于彼朝阳。”早在《诗经》中就有凤凰栖梧桐的传说，凤凰和梧桐树从此总是结伴出现。庄子曾以凤鸟“非梧桐不止”来自喻高洁。

星期五

FRI

甲辰年·十一月十三

12 月

2024 · DECEMBER

13

立凤金簪·明

星期六
SAT

甲辰年·十一月十四

12 月

2024 · DECEMBER

14

这支立凤金簪的簪首为一只金凤，立于一片祥云的顶端，簪足为扁形，顶端侧弯，接于祥云底部，将金凤高高托起。金凤挺胸而立，双翅扬起，尾羽以优美的弧线向上翻卷，除头部以金叶制成外，其余部分均以极细的金丝累制而成，细致地刻画出凤冠和凤羽，羽毛根根分明，华贵非常。

小篆

简体

“簪”字上部为“竹”，古时百姓簪子多为竹制。

簪的本义为用来别住挽起的头发或固定弁（biàn）、冕的用具。

星期日

SUN

甲辰年·十一月十五

12 月

2024 · DECEMBER

15

孝端皇后凤冠·明

星期一
MON

甲辰年·十一月十六

12 月

2024 · DECEMBER

16

凤冠是皇后的身份象征，也代表女性首饰的至尊地位，明代孝端皇后的九龙九凤龙凤冠很具代表性，点翠工艺与金银的结合，使得凤冠显得更加璀璨夺目。在这顶冠冕中，尤其以红蓝宝石最让人惊叹，据说那些宝石都是出自锡兰国，是郑和下西洋时带回明宫的，最后这些宝石都被用在了皇后的冠冕之中。

“冠”字由三部分组成：“冖”表示用布帛蒙覆，“元”表人头，“寸”同“又”，就是手。冠本义为一手持帽戴人头上。

星期二

TUES

甲辰年·十一月十七

12 月

2024 · DECEMBER

17

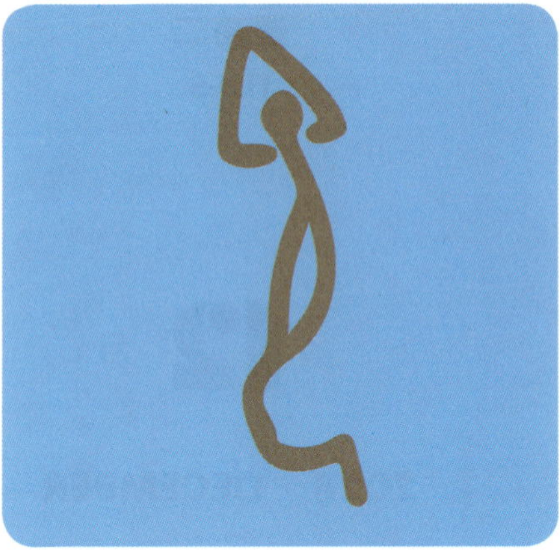

冕

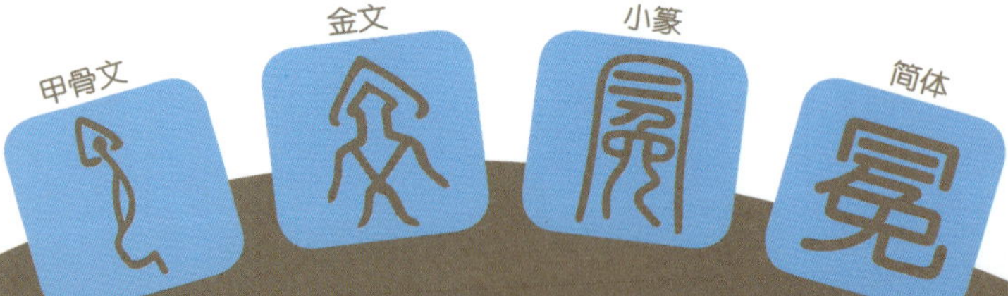

甲骨文里的“冕”就是一个人戴着帽子。冕本义为古代带装饰的礼帽。“免”为“冕”的本字，“免”是帽，冕是更高级的帽子。

星期三

WED

甲辰年·十一月十八

12 月

2024 · DECEMBER

18

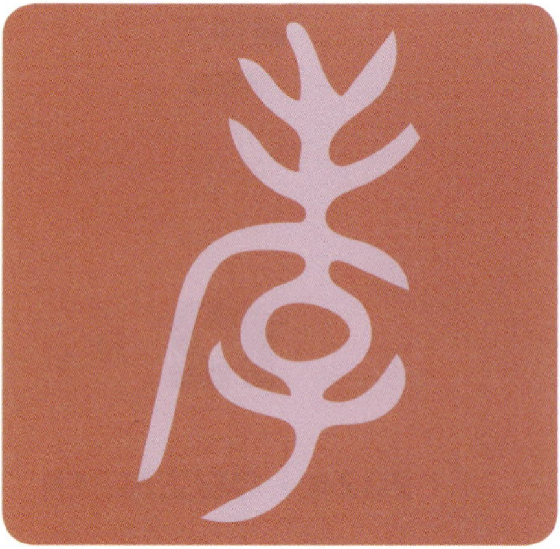

金文里的“孝”就像一个孩童扶着一个头发稀疏的老人，会意为孝顺。孝后来成为中国传统文化非常重视的品德。

星期四
THUR

甲辰年·十一月十九

12 月

2024 · DECEMBER

19

“欲戴皇冠，必承其重”，是真的很重！

这句话出自一句西方的谚语，意思就是如果想要戴上王冠，就要承受它的重量，引申指要肩负重担和责任。

戴在头上的皇冠，真得很重吗？

明万历皇帝孝端皇后的凤冠上嵌有宝石百余颗，珍珠五千多粒，华丽贵重至极。实际重量也相当可观，约 2.3 千克。这样的重量顶在头上，说“承其重”不算是矫情了。

凤冠是古代女子等级最高的头饰，唐宋之后，逐渐形成后妃和命妇戴凤冠的礼制。头戴这样有分量的凤冠，后妃们一定缓步徐行，尽显端庄之态。

据说英国皇室的皇冠因为镶满了钻石珠宝，又是纯金制作，也重 2 千克左右。伊丽莎白二世女王曾幽默地说，戴着它不能低头，不然脖子就断了。

星期五

FRI

甲辰年·十一月二十

12 月

2024 · DECEMBER

20

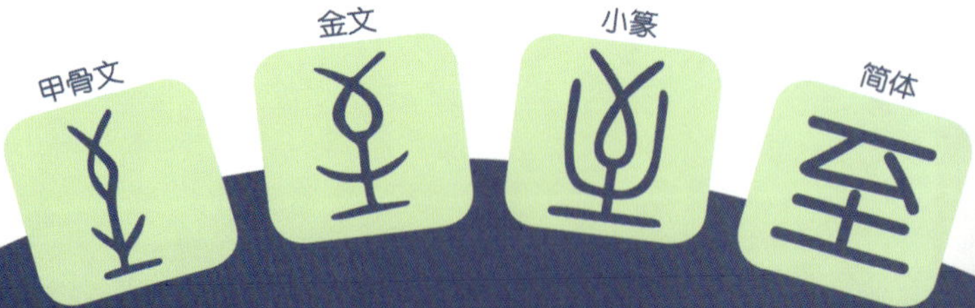

甲骨文里的“至”字形就像箭坠落到地面。

至的本义就是到达。

星期六
SAT

甲辰年·十一月廿一·冬至

12 月

2024 · DECEMBER

21

冬至是二十四节气中的第二十二个节气。这一天是北半球黑夜最长的一天，真正的冬天即将来临。在古代民间，冬至是大节。如今在中国南方，有冬至祭祖、宴饮的习俗。在中国北方，有冬至日吃饺子的习俗。

云凤纹印泥盒·明

星期日
SUN

甲辰年·十一月廿二

12 月

2024 · DECEMBER

22

这件印泥盒为正方形，盖面中部稍高，雕刻双凤纹和云纹。盒盖四边外侧以细密方格纹为地，上刻波浪纹。盒内无纹，盒外侧刻兽面纹。盒底方框内刻篆书“宣和”款。“宣和”是宋徽宗的年号，但此藏品是明代仿作。

小篆

简体

“泥”字从“水”旁，“尼”声，
本义为水和土的混合物。

星期一
MON

甲辰年·十一月廿三

12 月

2024 · DECEMBER

23

小篆

简体

“皿”的古文字形像用来盛放东西的器皿；“合”，表示盒子的底与盖相合。盒本义为盒子。

星期二
TUES

甲辰年·十一月廿四

12 月

2024 · DECEMBER

24

親簋·西周

星期三
WED

甲辰年·十一月廿五

12 月

2024 · DECEMBER

25

簋（guǐ）是古代用于盛放食物的器皿，也用作礼器。親（lù）簋的簋耳是凤首，腹部也有凤鸟纹。内底铸有铭文 11 行 110 字，记述了它的主人親在周穆王二十四年九月庚寅之日被册命为“冢司马”的事情。铭文中年、月、月相、日，时间信息齐全，做器者之名可与西周中期众多青铜器相联系，对于研究西周王年历谱和金文断代意义重大。

“簋”是古时盛食物的器皿，也作礼器。甲骨文里的“簋”形象地描绘了器具的样子，金文中的“簋”字形增加了手持勺匕从食器中取食的部分。

星期四
THUR

甲辰年·十一月廿六

12 月

2024 · DECEMBER

26

四叶八凤佛兽纹青铜镜·三国·吴

星期五

FRI

甲辰年·十一月廿七

12 月

2024 · DECEMBER

27

铜镜作为日常照容用品，深受古人喜爱。湖北鄂州市出土的铜镜中，最为知名的当数四叶八凤佛兽纹青铜镜。这面铜镜，主要纹饰为四叶柿蒂纹，叶间有4对凤鸟，叶内各有一尊佛像。以佛像作为青铜装饰纹饰，是三国两晋时期青铜镜的特色。

树上长着叶子就是“叶”的字形。

星期六

SAT

甲辰年·十一月廿八

12 月

2024 · DECEMBER

28

左边是猎叉，右边是猎犬，这就是甲骨文和金文中的“兽”字。兽本义是狩猎，现在一般指有四只脚，全身长毛的哺乳动物。

星期日

SUN

甲辰年·十一月廿九

12 月

2024 · DECEMBER

29

古代文化中的鸟崇拜

古人羡慕鸟儿能够自由自在地在天空中飞翔，所以在古代中国的神话传说中，鸟常常被赋予特殊的象征意义。比如，凤凰被视为吉祥的象征，代表着幸福和繁荣。在《山海经》等古代书籍中，也有如鸾鸟、大鹏等神鸟的传说。古人用无限的想象，表达着对鸟类的崇敬。

我们从出土文物中，也能看到鸟崇拜留下来的烙印。许多古代器物、建筑、绘画中都有鸟的形象。比如，陶器、青铜器上常常可以见到各种鸟纹，寓意着祥瑞和避邪。

在古代，一些地域把鸟作为图腾。“玄鸟生商”的故事就是典型的代表。《诗经·商颂》中记载：“天命玄鸟，降而生商。”玄鸟，即黑鸟，有说是凤凰，也有说是燕子。

无论是“天命玄鸟”，还是“飞入寻常百姓家”的燕子，鸟儿们承载着人们的崇拜、喜爱，飞过春秋冬夏，越过沧海桑田，和人们友好地生活在一起。

星期一
MON

甲辰年·十一月三十

12 月

2024 · DECEMBER

30

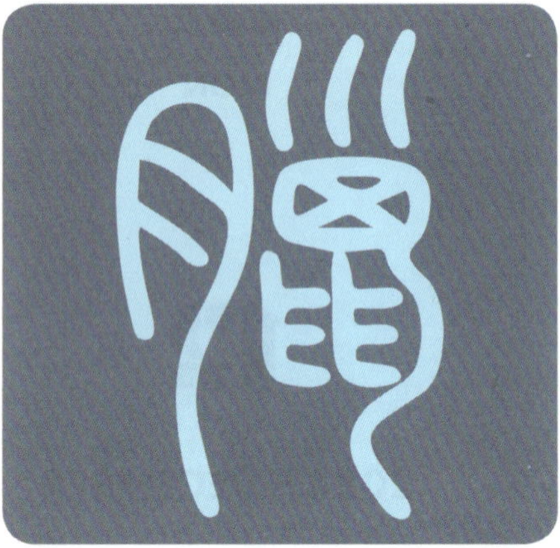

“月”与肉有关；“巤”表音，是“獵”（猎）的省写，“腊”本义是狩猎获得兽类作祭品。古代农历十二月对众神的祭祀称为腊，因此称腊月。

星期二
TUES

甲辰年·腊月初一

12 月

2024 · DECEMBER

31

再见

2024

你好

2025

图书在版编目（CIP）数据

博物馆里有条龙 / 国博衍艺，小象汉字编．—北京：东方出版社，2023.10

ISBN 978-7-5207-3644-2

Ⅰ．①博…　Ⅱ．①国…　②小…　Ⅲ．①中华文化—少儿读物　Ⅳ．① K203-49

中国国家版本馆 CIP 数据核字（2023）第 174715 号

本书经由中华版权代理有限公司授予人民东方出版传媒有限公司

博物馆里有条龙
（BOWUGUAN LI YOU TIAO LONG）

编　　者： 国博衍艺　小象汉字
策划编辑： 鲁艳芳
责任编辑： 杨朝霞　刘之南
策 划 人： 朱晓云　刘良鹏　高小然
产品经理： 王颂娅　屈　聪　杨小岚
装帧设计： 言　炎
顾　　问： 翟胜利　赵玉亮　徐小蕾　张　秀　彭　梓
统　　筹： 郑中允子
出　　版： 東方出版社
发　　行： 人民东方出版传媒有限公司
地　　址： 北京市东城区朝阳门内大街 166 号
邮政编码： 100010
印　　刷： 北京启航东方印刷有限公司
版　　次： 2023 年 10 月第 1 版
印　　次： 2023 年 10 月北京第 2 次印刷
开　　本： 889 毫米 ×1194 毫米　1/48
印　　张： 16
字　　数： 60 千字
书　　号： ISBN 978-7-5207-3644-2
定　　价： 128.00 元
发行电话：（010）85924663　85924644　85924641
